Mathematik 2

Der komplette Stoff mit Übungen und Tipps!

Texte und Ideen von Dorothea Blendinger

Illustrationen und Gestaltung von Robert Erker

Loewe

Vorworte

Hallo, liebe Schülerin! Hallo, lieber Schüler!

In diesem Übungsbuch findest du jede Menge Aufgaben, die dich fit machen für den Mathematikunterricht. So kannst du den Schulstoff noch einmal in Ruhe üben und wiederholen. Die abwechslungsreichen Aufgaben werden dir helfen, besser im Unterricht mitzukommen. Die Tipps auf jeder Doppelseite fassen das Wichtigste zusammen und erklären dir noch einmal die Regeln. Am Ende fast jeder Lerneinheit gibt es eine Wiederholungsseite, auf der du dein Wissen testen kannst. Ob du die Aufgaben richtig gelöst hast, überprüfst du mit den Lösungen am Ende des Buches.

Viel Spaß und viel Erfolg mit diesem Übungsbuch!

Liebe Eltern!

Mit dem vorliegenden Übungsbuch sollen die wesentlichen Inhalte des Mathematikunterrichts der 2. Klasse geübt, wiederholt und gefestigt werden. Jedes Stoffgebiet kann hier gezielt und intensiv bearbeitet werden, Defizite können behoben werden. Alle Themen sind genau auf die Lehrpläne abgestimmt. Durch den Lösungsteil im Anhang ist eine selbstständige Kontrolle der Übungen möglich. So wird Ihr Kind sicherer im Lernen und behält den Überblick im Mathematikunterricht.

Rechnen bis 100

Addieren und Subtrahieren

Multiplizieren und Dividieren

Rechnen mit Größen

Geometrische Erfahrungen

Übersicht

Kleine und große Aufgaben

1 Jedes kleine Gespenst hat einen großen Bruder. Verbinde die Paare mit einer Kette, dann können sie gut rasseln.

2 Ordne die kleinen und großen Aufgaben in die Spalten ein. Achte darauf, dass die zusammengehörigen Aufgaben nebeneinander stehen, und rechne sie aus.

3 + 5 = 8	13 + 5 = 18

TIPP:

Die **kleine** und die **große** Aufgabe **gehören zusammen**. Die große Aufgabe unterscheidet sich hier um den Wert 10 von der kleinen.

Beispiele: **2 + 6 = 8** (kleine Aufgabe)
12 + 6 = 18 (große Aufgabe)
4 – 3 = 1 (kleine Aufgabe)
14 – 3 = 11 (große Aufgabe)

Gerade und ungerade Zahlen

1 Oh weh! Die Kinder haben sich verlaufen. Der richtige Weg führt nur über gerade Zahlen. Male alle geraden Zahlen rot aus, und zeige den Kindern so den Ausgang.

2 Damit **du** dich nicht verlaufen kannst, mache den Test. Halbiere und verdopple! Umspure dann die geraden Zahlen grün.

TIPP:

Die Zahlen, die man halbieren kann, heißen **gerade Zahlen**:
2, 4, 6, 8, 10, 12, 14, 16, 18, 20 ...
Die Zahlen, die man nicht halbieren kann, heißen **ungerade Zahlen**:
1, 3, 5, 7, 9, 11, 13, 15, 17, 19 ...

Ergänzen auf 10

1 Immer 10! Ergänze die Zahlen in den Mauerteilen so, dass drei Mauersteine zusammen 10 ergeben.

TIPP:

Zähle zuerst immer zwei Zahlen zusammen, und ergänze dann auf 10.
Rechne so: 3 + 4 = 7; 7 + **3** = 10
Schreibe 3 in den dritten Stein!

Ergänzen und Zerlegen bis 10

1 So viele Gespenster! In den Turmdächern steht, wie viele Gespenster in jedem Stockwerk hausen. Schreibe jeweils die passende Anzahl Gespenster in die freien Zimmer, und streiche diese dann bei den Gespenstern durch.

TIPP:

Beim **Zerlegen von Zahlen** gibt es **verschiedene Möglichkeiten**.
Beispiel: 8 kannst du zerlegen in
1 + 7, 2 + 6, 3 + 5, 4 + 4,
5 + 3, 6 + 2, 7 + 1.

Zusammenzählen mit Zehnerübergang

1 Die Kinder klettern auf den steilen Burgberg. Manche Kinder sind schon weiter gekommen als die anderen. Rechne immer zuerst bis zur 10.

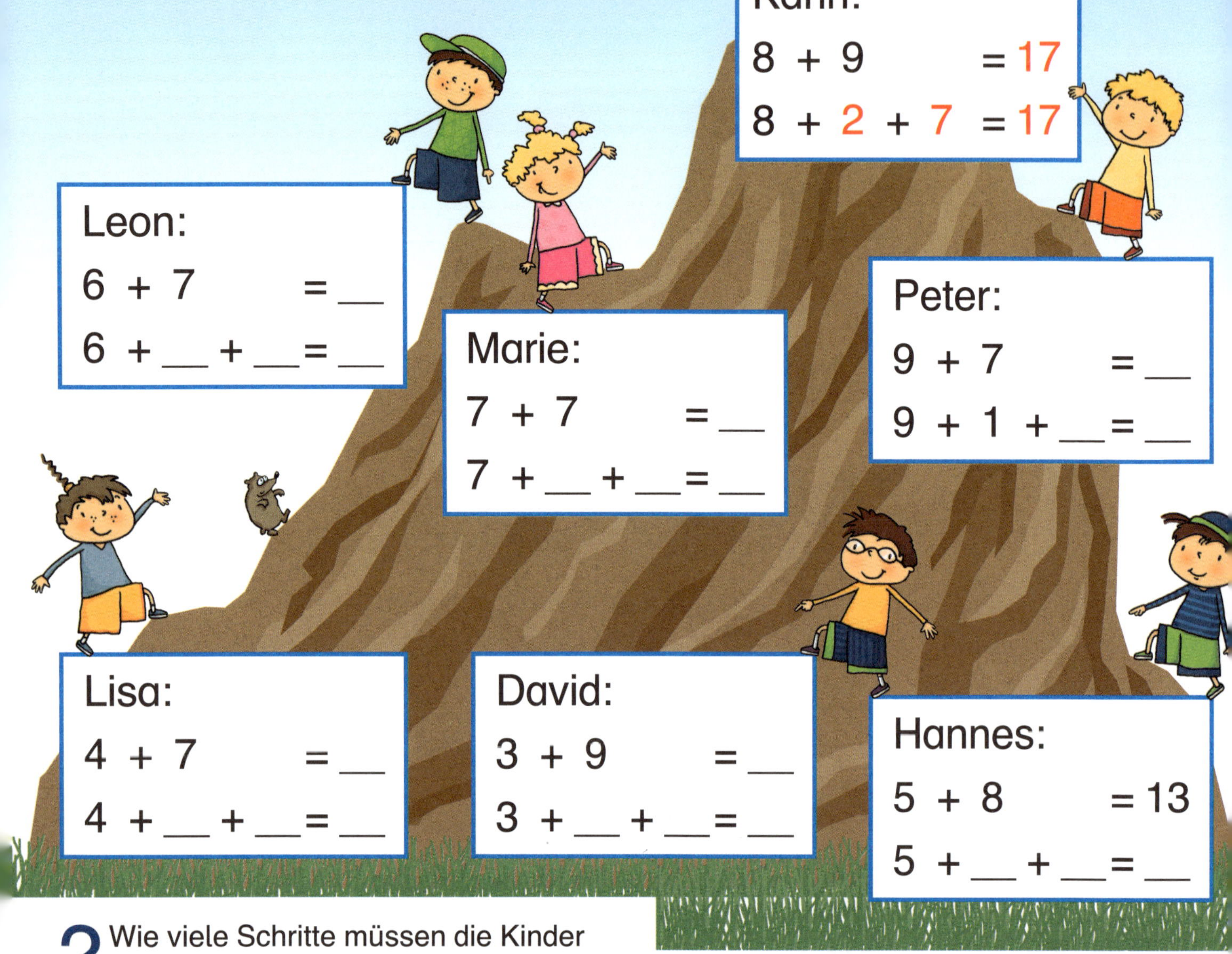

Karin:
8 + 9 = 17
8 + 2 + 7 = 17

Leon:
6 + 7 = __
6 + __ + __ = __

Marie:
7 + 7 = __
7 + __ + __ = __

Peter:
9 + 7 = __
9 + 1 + __ = __

Lisa:
4 + 7 = __
4 + __ + __ = __

David:
3 + 9 = __
3 + __ + __ = __

Hannes:
5 + 8 = 13
5 + __ + __ = __

2 Wie viele Schritte müssen die Kinder jetzt noch gehen? Ergänze ab dem jeweiligen Ergebnis bis 20.

Karin: 17 + 3 = 20
Peter: __ + __ = 20
Leon: __ + __ = 20
Lisa: __ + __ = 20
David: __ + __ = 20
Hannes: __ + __ = 20
Marie: __ + __ = 20

TIPP:

Beim **Zusammenzählen mit Zehnerübergang** musst du **schrittweise** rechnen. Du rechnest zuerst bis 10, dann zählst du den Rest dazu.
Beispiel: 7 + **5** = __
Du rechnest zuerst bis 10.
Von 7 bis 10 fehlen 3:
7 + **3** = 10
Dann zählst du zu 10 so viel dazu, wie viel von 5 noch übrig sind:
5 – 3 = **2**
10 + **2** = 12
In Kurzform schreibst du das so auf:
7 + **3** + **2** = 12
7 + **5** = 12

Wegnehmen mit Zehnerübergang

1 Nachdem alle Kinder auf dem Berg waren, machen sie sich wieder auf den Heimweg. Rechne schrittweise.

Lisa:
17 – 9 = 8
17 – 7 – 2 = 8

Peter:
14 – 9 = __
14 – __ – __ = __

Leon:
15 – 9 = __
15 – __ – __ = __

David:
13 – 9 = __
13 – __ – __ = __

Marie:
11 – 8 = __
11 – __ – __ = __

Hannes:
16 – 7 = __
16 – __ – __ = __

Karin:
12 – 5 = __
12 – __ – __ = __

TIPP:

Beim **Wegnehmen mit Zehnerübergang** musst du **schrittweise** rechnen. Du rechnest zuerst bis 10, dann ziehst du den Rest ab.
Beispiel: 16 – 9 = __
Du rechnest zuerst bis 10.
Von 16 bis 10 sind es 6:
16 – **6** = 10
Dann ziehst du von 10 so viel ab, wie viel von 9 noch übrig sind:
9 – 6 = **3**
10 – **3** = 7
In Kurzform schreibst du das so auf:
16 – **6** – **3** = 7
16 – **9** = 7

Tauschaufgaben

1 Immer zwei Kinder haben ihre Rucksäcke vertauscht. Hilf ihnen, sie wieder umzutauschen. Schreibe die Ergebnisse in die Rucksäcke, und verbinde die Tauschpartner mit einer farbigen Linie.

- 13 + 3 = ___
- 11 + 6 = ___
- 13 + 7 = ___
- 12 + 4 = 16
- 4 + 12 = 16
- 14 + 5 = ___
- 6 + 11 = ___

- 15 + 4 = ___
- 7 + 12 = ___
- 3 + 13 = ___
- 7 + 13 = ___
- 6 + 12 = ___
- 5 + 14 = ___
- 2 + 15 = ___

- 15 + 2 = ___
- 18 + 1 = ___
- 12 + 7 = ___
- 12 + 6 = ___
- 1 + 18 = ___
- 4 + 15 = ___

TIPP:

Bei der **Tauschaufgabe** werden die beiden Zahlen der Aufgabe **vertauscht**. Das Ergebnis von Aufgabe und Tauschaufgabe ist gleich.

Beispiel: 12 + 5 = 17
5 + 12 = 17

Umkehraufgaben

1 Beim großen Sommerfest spielen die Kinder Sackhüpfen. Wie hüpfen die einzelnen Kinder? Rechne die Aufgaben und ihre Umkehraufgaben aus.

Aufgabe: 12 + 4 = 16
Umkehraufgabe: 16 – 4 = 12

Aufgabe: 15 – 7 = ___
Umkehraufgabe: ___ + 7 = 15

Aufgabe: 13 + 5 = ___
Umkehraufgabe: ___ – 5 = 13

Aufgabe: 17 – 9 = ___
Umkehraufgabe: ___ + 9 = 17

Aufgabe: 9 + 7 = ___
Umkehraufgabe: ___ – 7 = 9

Aufgabe: 13 – 8 = ___
Umkehraufgabe: ___ + 8 = 13

Aufgabe: 6 + 9 = ___
Umkehraufgabe: ___ – 9 = 6

Aufgabe: 11 – 2 = ___
Umkehraufgabe: ___ + 2 = 11

Aufgabe: 9 + 8 = ___
Umkehraufgabe: ___ – 8 = 9

Aufgabe: 12 – 5 = ___
Umkehraufgabe: ___ + 5 = 12

Aufgabe: 6 + 6 = ___
Umkehraufgabe: ___ – 6 = 6

Aufgabe: 14 – 6 = ___
Umkehraufgabe: ___ + 6 = 14

Aufgabe: 5 + 9 = ___
Umkehraufgabe: ___ – 9 = 5

Aufgabe: 17 – 8 = ___
Umkehraufgabe: ___ + 8 = 17

TIPP:

Die Umkehraufgabe einer Plusaufgabe ist eine Minusaufgabe. Die Umkehraufgabe einer Minusaufgabe ist eine Plusaufgabe. Achte auf die geänderten Rechenzeichen! Die Zahl, mit der die erste Aufgabe beginnt, ist das Ergebnis der Umkehraufgabe.

Beispiele:

7 + 8 = 15 Umkehraufgabe: 15 – 8 = **7**

14 – 9 = 5 Umkehraufgabe: 5 + 9 = **14**

Sachaufgaben

1 Mit dem Schulbus unterwegs! In jeder Ortschaft steigen Kinder ein. Der Bus startet in Hausen. Zielort ist die Schule in Mittelstadt. Schreibe bei jedem Ort die Anzahl der Mitfahrer auf den Bus. Die richtigen Antworten kannst du unter die einzelnen Fragen schreiben.

- In Hausen steigen 5 Kinder in den Bus. In Ruckweiler steigen 8 Kinder dazu. Wie viele Plätze sind besetzt?

- Aus Haltmannsdorf müssen 9 Kinder mit dem Schulbus fahren, doch ein Junge ist krank. Der Bus hält auch in Bergbach. 7 Kinder und 1 Lehrer steigen ein. Wie viele Fahrgäste sind jetzt im Bus?

- Aus Mupfling kommen 5 Schulkinder, und ein Mädchen nimmt noch ihre Kusine mit in die Schule. Wie viele Fahrgäste sind inzwischen im Bus?

- Der Schüler aus Kleinsee ist krank. 9 Kinder steigen in Großsee dazu. Wie viele Personen kommen schließlich an der Schule in Mittelstadt an?

TIPP:
Bei Sachaufgaben kommt es darauf an, dass du sie **genau** durchliest. Überlege, was **gefragt** ist!

Sachaufgaben

1 Uli sagt: Meine Rätselzahl ist um 5 größer als 7 und 6 zusammen. Welche Zahl ist es?

Rechnung:

Antwort: ______________________________

____

2 Peter sagt: Das ist ja ganz leicht! Mein Rätsel ist schwieriger! Meine Zahl ist um 8 kleiner als 11 und 4 zusammen. Welche Zahl ist es?

Rechnung:

Antwort: ______________________________

____

3 Mina sagt: Meine Zahl erratet ihr nie! Zähle zum Doppelten von 3 die Hälfte von 14 dazu, dann hast du meine Zahl!

Rechnung:

Antwort: ______________________________

____

TIPP:

Lies dir den Text von Sachaufgaben **genau** durch! Was ist **bekannt**, wonach wird **gefragt**? Unterstreiche Wörter, die dir sagen, wie du rechnen musst, z. B. „zusammen", „kleiner als ...", „das Doppelte von ...".

Ordnen von Mengen

1 Tim hat lustige Figuren gelegt. Er bündelt immer 10 Einzelteile und legt sie in das Zehner-Fach. Dann schreibt er auf, wie viele Bündel und wie viele Einer er hat. Ordne die Sachen so wie Tim.

Z	E

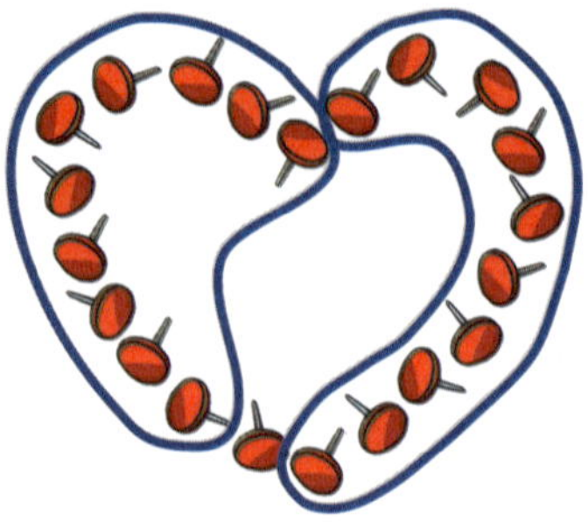

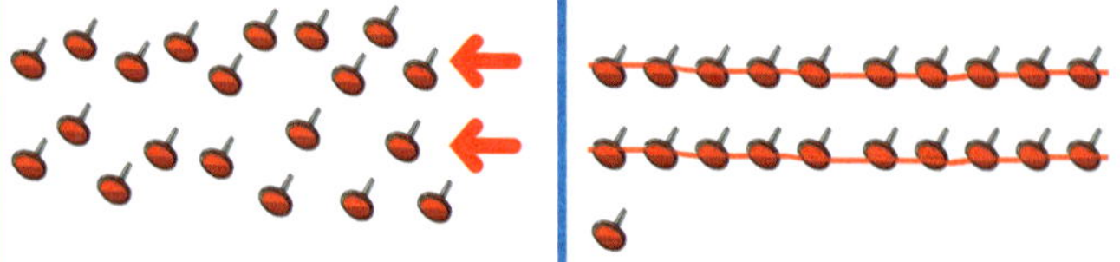

Z	E
2	1

Z	E

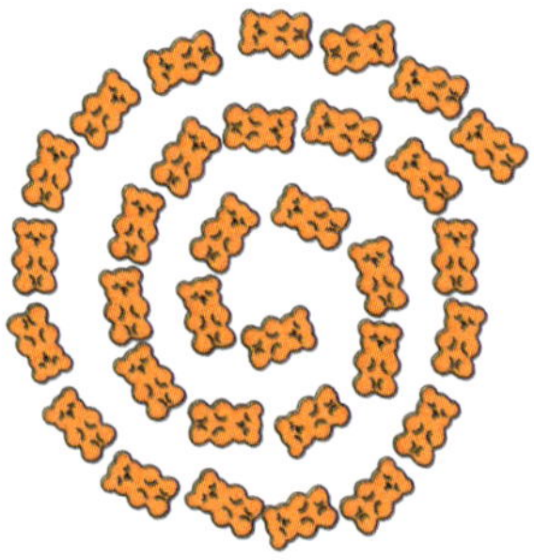

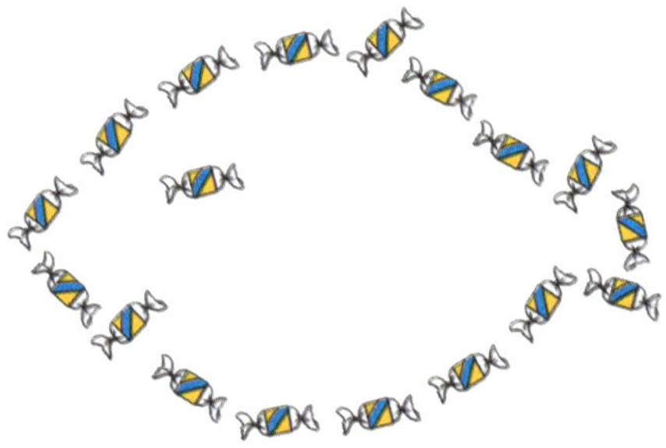

Z	E

Z	E

Z	E

Zahlen vergleichen

1 Der Fisch im Teich schnappt immer nach der größeren Fliege. Rechne und setze das Fischmaul-Zeichen richtig herum ein.

TIPP:

Mit diesen Zeichen
kannst du Zahlen vergleichen:
< bedeutet: kleiner als ...
> bedeutet: größer als ...
Beispiele: 12 > 11; 11 < 12

Zahlenfolge bis 100

1 Paul geht mit seiner Klasse in den Zirkus. Doch welche Platznummern sind von der Klasse 2a belegt? Schreibe sie auf.

1		3	4	5	6		8		10
11	12		14		16	17	18	19	20
21		23	24	25		27	28	29	
31	32	33	34	35	36	37		39	40
	42	43			46	47	48	49	50
51	52	53	54	55	56	57	58		60
61	62				66	67	68	69	70
71	72	73	74		76		78	79	80
81	82	83	84	85	86	87			90
	92	93	94	95	96		98		

2	___	___	___	___	___	___	___	___	___	___	___
___	___	___	___	___	___	___	___	___	___	___	___

2 Einige Sitzplätze sollen farbig angemalt werden. Hilf mit!

Färbe alle Sitze mit 6 Einern ein.
Male alle Sitze mit 2 Einern aus.
Färbe alle Sitze mit 0 Einern ein.
Male die Sitze mit 5 Einern aus.
Färbe die Sitze mit 1 Einer ein.
Male die Sitze mit 9 Einern aus.

TIPP:

Die **Zahlenfolge von 1 bis 100** kannst du dir gut einprägen: In jeder Reihe kommt ein Zehner dazu. Die Reihenfolge der Einer bleibt immer gleich.
Beispiel: **30**, **31**, **32**, **33**, **34**, **35**, **36**, **37**, **38**, **39**
40, **41** ...

Zehnerzahlen

1 Welche Schlange kriecht in welchen Korb? Verbinde richtig. Achtung! Eine Schlange passt in keinen Korb. Male diese gelb aus.

100

40 + 60 = ___

90

90 – 10 = ___

30 + 50 = ___

20 + 70 = 90

100 – 30 = ___

80

50 + 50 = ___

10 + 80 = ___

30 + 30 = ___

10 + 70 = ___

70

30 + 40 = ___

90 – 20 = ___

100 – 40 = ___

70 – 20 = ___

40 + 10 = ___

60

60 – 10 = ___

100 – 60 = ___

20 + 30 = ___

60 + 10 = ___

70 – 10 = ___

50

10 + 50 = ___

90 – 40 = ___

100 – 50 = ___

TIPP:

Das sind die **Zehnerzahlen** bis 100:
10, 20, 30, 40, 50, 60, 70, 80, 90, 100
10 Zehner = 1 Hunderter
10 Z = 1 H

Zahlen bis 100

1 Wer hat sich hier versteckt? Verbinde die Zahlen in der richtigen Reihenfolge von 1 bis 100, dann weißt du es. Du kannst das entstandene Bild bunt ausmalen.

TIPP:

Beim Zählen von **1** bis **100** kehren in jedem Zehner immer dieselben Einer wieder.
Beispiel: 34, 35, 36 ...
44, 45, 46 ...
54, 55, 56 ... und so weiter!

Zahlen auf dem Zahlenstrahl

1 Viele bunte Luftballons sind am Zaun festgebunden. Schreibe in jeden Luftballon die passende Zahl.

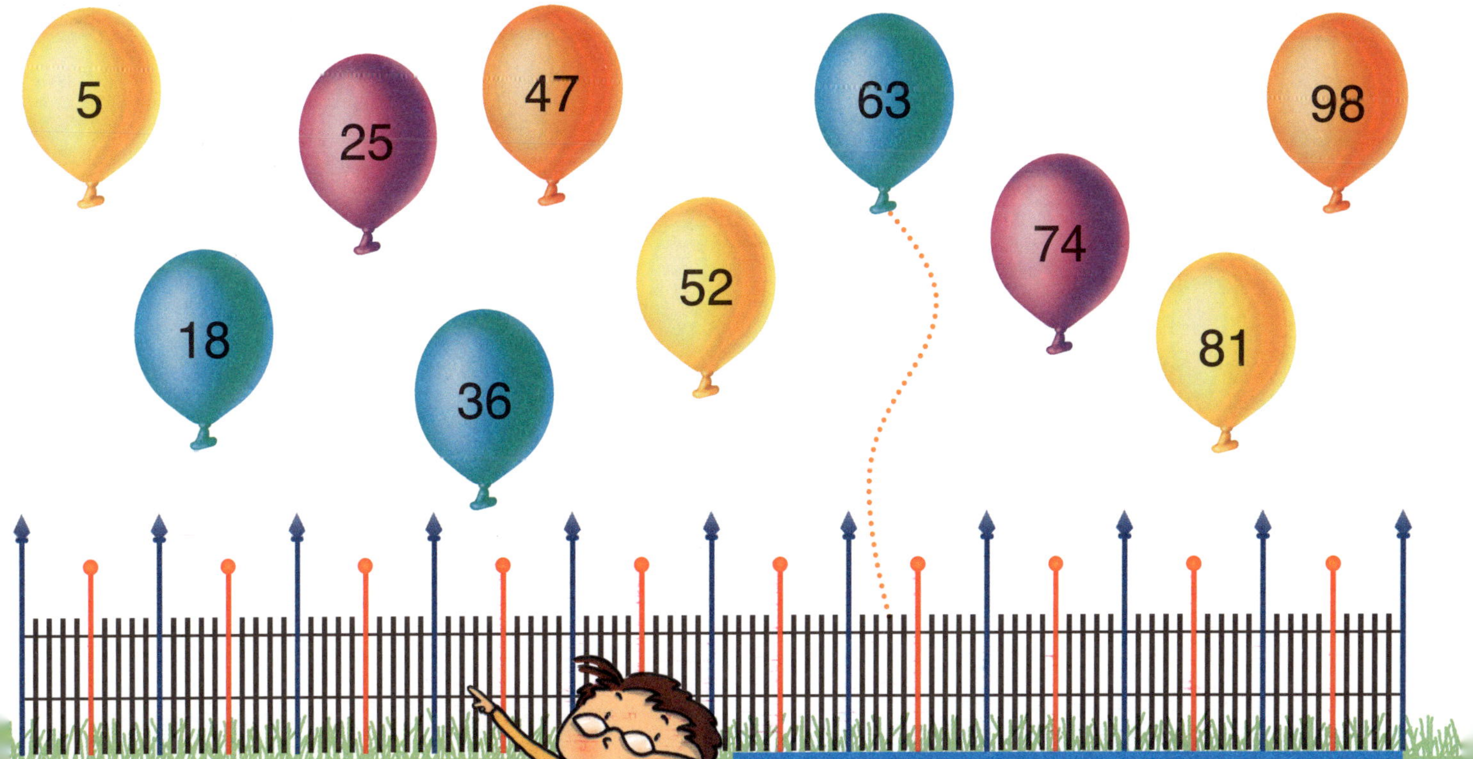

2 Binde die bunten Luftballons an der richtigen Stelle fest.

TIPP:

Auf dem **Zahlenstrahl** sind die Zahlen von **0** bis **100** eingetragen. Der Zahlenstrahl hilft dir, Zahlen richtig einzuordnen und zu erkennen.

Nachbarzahlen, Vorgänger und Nachfolger

1 Findest du die Lösung dieser Zahlenrätsel? Schreibe die Lösungen zunächst auf den Block, und male dann die geratenen Zahlen im Hunderterfeld farbig aus. Was erkennst du?

91	92	93	94	95	96	97	98	99	100
81	82	83	84	85	86	87	88	89	90
71	72	73	74	75	76	77	78	79	80
61	62	63	64	65	66	67	68	69	70
51	52	53	54	55	56	57	58	59	60
41	42	43	44	45	46	47	48	49	50
31	32	33	34	35	36	37	38	39	40
21	22	23	24	25	26	27	28	29	30
11	12	13	14	15	16	17	18	19	20
1	2	3	4	5	6	7	8	9	10

- Welche Zahl hat 3 Zehner und 6 Einer?
- Welche Zahl hat 2 Zehner und doppelt so viele Einer?
- Welche Zahl steht zwischen 66 und 64?
- Welche Zahl ist größer als 53 und kleiner als 55?
- Welche Zahl hat 51 und 49 als Nachbarn?
- Welche Zahl hat den Vorgänger 39?
- Welche Zahl hat 4 Zehner und doppelt so viele Einer?
- Welche Zahl hat 8 Einer und einen Zehner weniger?
- Welche Zahl steht in der 3. Zeile von unten und hat 7 Einer?
- Welche Zahl steht in der 5. Zeile von unten und hat so viele Zehner wie Einer?
- Welche Zahl hat die Nachbarn 28 und 30?
- Welche Zahl hat den Nachfolger 35?
- Welche Zahl ist kleiner als 31 und größer als 29?
- Welche Zahl hat die Nachbarn 75 und 77?
- Welche Zahl hat den Nachfolger 70?
- Welche Zahl hat den Vorgänger 59?
- Welche Zahl ist kleiner als 26 und größer als 24?
- Welche Zahl hat 2 Zehner und 6 Einer?
- Welche Zahl hat 2 Zehner und viermal so viel Einer?
- Welche Zahl steht in der 5. Zeile von unten und hat 6 Einer?
- Welche Zahl hat die Nachbarn 86 und 88?

TIPP:

Die **Hundertertafel** zeigt dir, welchen **Vorgänger** oder **Nachfolger** eine Zahl hat. **Vorgänger** und **Nachfolger** sind die **Nachbarzahlen** einer Zahl.
Beispiel:
Vorgänger 34 – Zahl **35** – **Nach**folger **36**
34 und 36 sind die **Nachbarzahlen** von 35.

1 Löse die Zahlenrätsel.

a) Welche Zahl hat 2 Zehner und 7 Einer?

b) Welche Zahl hat die Nachbarn 76 und 78?

c) Welche Zahl ist kleiner als 23 und größer als 21?

2 Rechne schrittweise.

a) 3 + 9 = ______________________

____

b) 7 + 7 = ______________________

____

c) 16 – 7 = ______________________

____

d) 13 – 5 = ______________________

____

3 Rechne die Aufgaben und ihre Umkehraufgaben.

a) 17 – 8 = ___

___ + 8 = 17

b) 12 – 4 = ___

___ + 4 = 12

c) 8 + 6 = ___

___ – 6 = 8

4 Verdopple die Zahlen.

a) 2: __________

b) 3: __________

c) 5: __________

TIPP:

Überprüfe selbst, was du weißt!
Wenn du eine Aufgabe nicht lösen kannst, sieh vorn noch einmal nach.
Je öfter du das Gelernte wiederholst, desto sicherer kannst du es dir merken!

Kleine und große Aufgaben

1 Immer ein kleiner und ein großer Fisch gehören zusammen. Rechne aus, und male die Geschwister in derselben Farbe aus. Welcher Fisch ist alleine?

- 5 + 4 = ___
- 14 + 3 = ___
- 4 + 5 = ___
- 36 + 1 = ___
- 2 + 6 = ___
- 25 + 2 = ___
- 55 + 4 = ___
- 26 + 3 = ___
- 7 + 1 = 8
- 6 + 1 = ___
- 37 + 1 = 38
- 1 + 7 = ___
- 42 + 8 = ___
- 2 + 8 = ___
- 54 + 3 = ___
- 47 + 2 = ___
- 4 + 3 = ___
- 51 + 7 = ___
- 5 + 2 = ___
- 74 + 5 = ___
- 62 + 6 = ___
- 6 + 3 = ___
- 7 + 2 = ___

TIPP:

Die **kleinen Aufgaben** helfen dir beim Lösen der **großen Aufgaben**. Achte auf die Einer, sie sind bei den kleinen und großen Aufgaben jeweils gleich.

Beispiel: **3 + 5 = 8** (kleine Aufgabe)
63 + 5 = 68 (große Aufgabe)

Zusammenzählen und Abziehen

1 Jeder Storch hat sein Zuhause. Rechne aus, und verbinde jeden Storch mit seinem Nest.

TIPP:

In jeder großen Aufgabe ist eine kleine Aufgabe versteckt, die dir beim Ausrechnen helfen kann.

Beispiel: 8**9 – 8** = 81
9 – 8 = **1**

1 Wie weit können die Kängurus springen?
Ergänze und trage richtig ein.

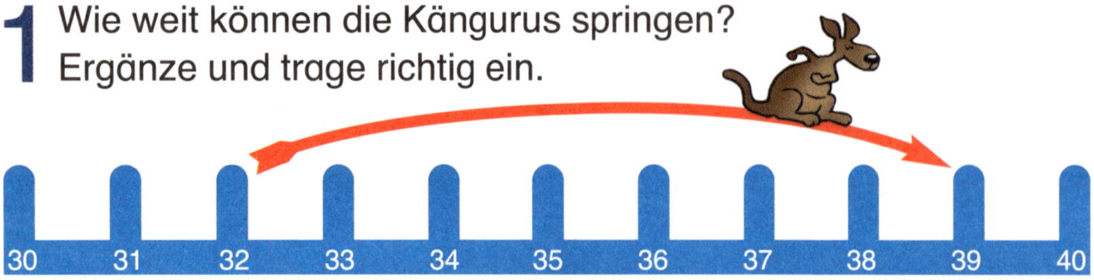

32 + ___ = 39

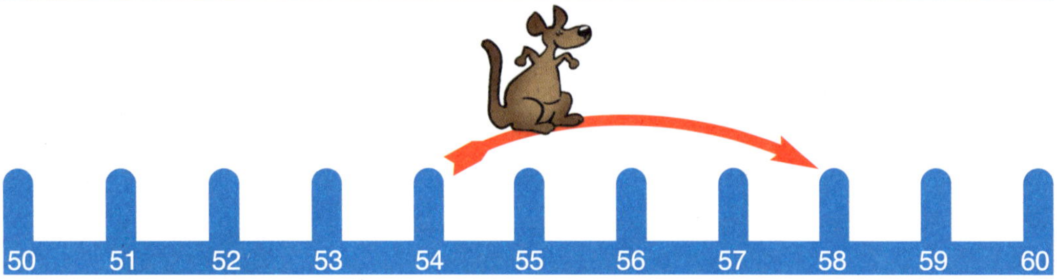

54 + ___ = 58

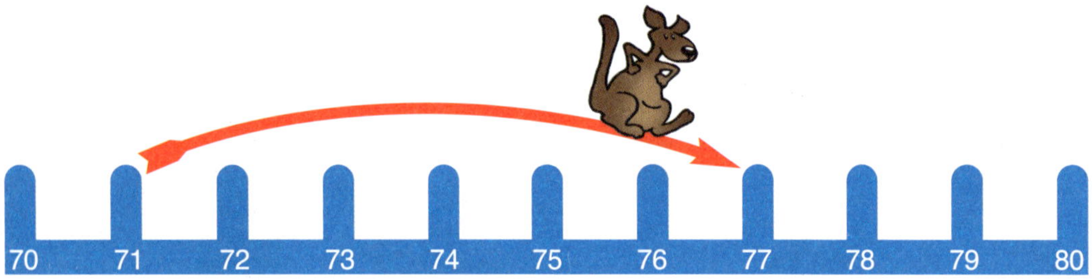

71 + ___ = 77

93 + ___ = 99

2 Noch mehr Sprünge! Ergänze auch hier.
Welches Känguru macht den kleinsten Sprung?

46 + ___ = 49
33 + ___ = 38
21 + ___ = 25
86 + ___ = 88

82 + ___ = 88
23 + ___ = 26
52 + ___ = 53
74 + ___ = 78

90 + ___ = 95
65 + ___ = 68
51 + ___ = 57
32 + ___ = 39

TIPP:
Auch beim Ergänzen hilft dir die kleine Aufgabe! Du kannst mit der kleinen Aufgabe rechnen, da die Zehnerzahlen gleich bleiben.
Beispiel: kleine Aufgabe:
2 + _ = 7
2 + 5 = 7
große Aufgabe:
62 + _ = 67
62 + 5 = 67

Vermindern

1 So ein Regen! Welcher Tropfen fällt aus welcher Wolke? Male die zusammengehörigen Wolken und Regentropfen gleich an. Drei Tropfen bleiben übrig. Färbe diese schwarz.

87 – ◯ = 83

4   64 – ◯ = 61   2

58 – ◯ = 53   79 – ◯ = 75

4

7   46 – ◯ = 44   35 – ◯ = 33   9

99 – ◯ = 92   1   2

7   83 – ◯ = 81   77 – ◯ = 74

96 – ◯ = 91

6   3   3

2   28 – ◯ = 22

59 – ◯ = 57   3   45 – ◯ = 42

5

3   2   38 – ◯ = 31   5   29 – ◯ = 24

68 – ◯ = 65   8

5

TIPP:

Wenn du Zahlen **verminderst**, rechnest du mit der **kleinen Aufgabe**. Die Zehnerzahlen bleiben hier immer gleich!

Beispiel: kleine Aufgabe:

7 – _ = 1

7 – 6 = 1

große Aufgabe:

57 – _ = 51

57 – 6 = 51

Ergänzen zum nächsten Zehner

1 Jedes Kind sammelt etwas anderes. Immer 10 Gegenstände passen in eine Reihe der Setzkästen. Male in jeden Setzkasten noch so viele passende Gegenstände hinein, dass er ganz voll ist, und ergänze die Aufgaben.

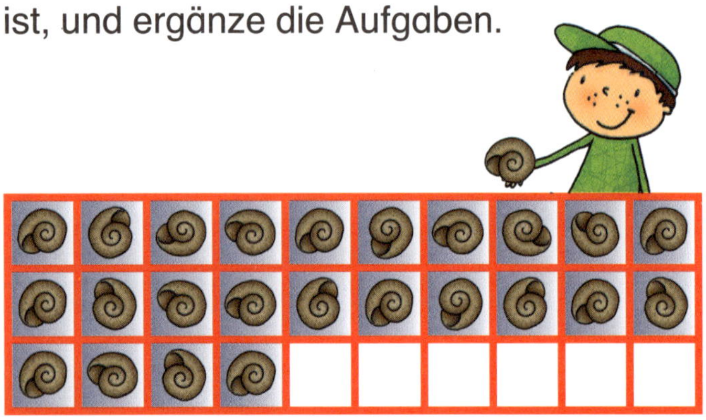

Markus 24 + ___ = 30

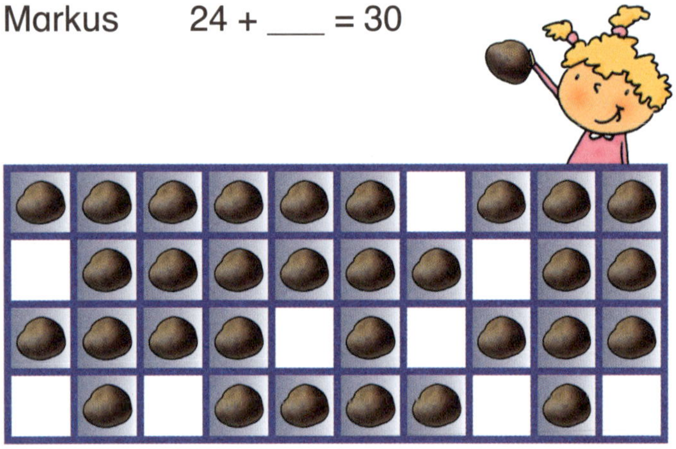

Petra 31 + ___ = 40

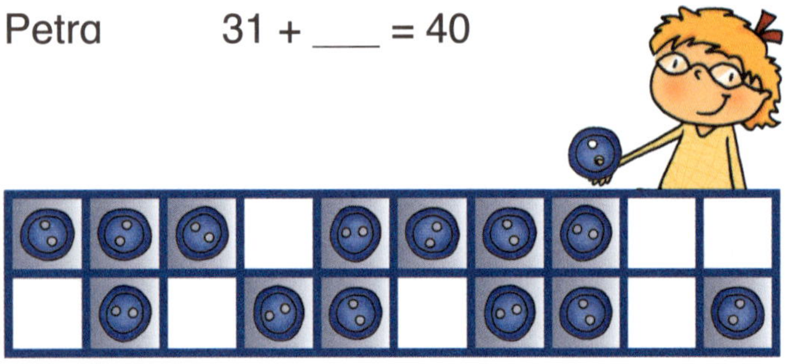

Moni 13 + ___ = 20

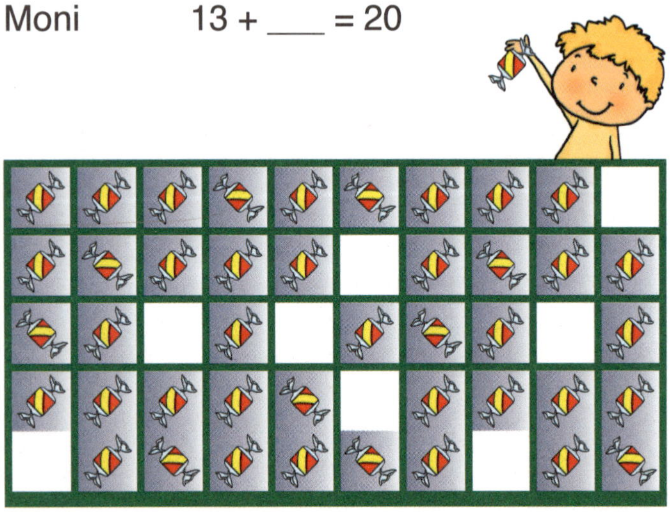

Olli 42 + ___ = 50

2 Noch mehr Sammelstücke! Schreibe die nächste Zehnerzahl als Ergebnis auf die Linie, und ergänze dann bis zu diesem Zehner.

53 + ___ = 60

74 + ___ = 80

66 + ___ = ___

87 + ___ = ___

92 + ___ = ___

47 + ___ = ___

38 + ___ = ___

83 + ___ = ___

78 + ___ = ___

TIPP:

So ergänzt du zur nächsten Zehnerzahl: Überlege zuerst, wie viele Einer noch bis zum nächsten Zehner fehlen. Dabei hilft dir wieder die kleine Aufgabe! Dann überlege, wie der nächste Zehner heißt.
So lautet die **Zehnerreihe** von 10 bis 100:
10, 20, 30, 40, 50, 60, 70, 80, 90, 100
Beispiel: 56 + _ = ___
6 + **4** = **10**
56 + 4 = 60

Sachaufgaben

1 In einem kleinen Inselsee leben 24 dunkelrote Fische. 6 himmelblaue Fische kommen noch dazu.

Frage: Wie viele Fische leben jetzt im See?

Rechnung:

Antwort: ______________________

____

Frage: ______________________

____

Rechnung:

Antwort: ______________________

____

2 38 bunte Papageien fliegen durch den Urwald auf der kleinen Insel. 7 Papageien davon fliegen zur nächsten Insel.

Frage: ______________________

____

____

Rechnung:

Antwort: ______________________

____

____

3 Am Strand von Sylt gibt es wunderschöne Muscheln. Peter hat schon 23 gesammelt. Susi hat 5 mehr.

TIPP:

Beim Lösen einer Sachaufgabe musst du drei Schritte beachten:
Frage, Rechnung, Antwort.
Lies dir den Text genau durch, und überlege, was du weißt und wonach gefragt ist. Die Rechenfrage muss natürlich zum Text passen.

Zusammenzählen mit Zehnerübergang

1 Viele, viele Stufen! Die Kinder besteigen den hohen Turm. Markus will noch 9 Stufen weiter. Pit schafft 7 Stufen. Doch beim jeweils nächsten Zehnerpodest machen beide erstmal eine kurze Pause. Setze richtig ein.

Markus:

23 + 9 = ___

23 + 7 = 30

30 + 2 = 32

23 + 9 = 32

Pit:

58 + 7 = ___

58 + ___ = 60

60 + ___ = ___

58 + ___ = ___

2 Hilf auch den anderen Kindern beim Aufstieg. Male die Stufen, die die Kinder hinaufgehen, farbig aus.

Sarah:

35 + 6 = ___

___

___

___

Ricki:

46 + 8 = ___

___

___

___

TIPP:

Beim **Zusammenzählen mit Zehnerübergang** rechnest du **schrittweise**. Zuerst bis zum **nächsten Zehner**, dann den Rest. Dazu musst du die Zahl, die du dazuzählst, zerlegen.

Beispiel: 57 + **8** = _

Zuerst bis zum nächsten Zehner:

57 + **3 = 60**

Nun sind von der 8 noch 5 übrig:

60 + **5 = 65**

also: 57 + **8 = 65**

Wegnehmen mit Zehnerübergang

1 Auch beim Hinuntersteigen machen die Kinder eine kurze Pause bei den Zehnerzahlen. Rechne wieder schrittweise, und male die Treppenstufen, die jedes Kind geschafft hat, farbig aus.

Markus:

64 – 5 = ___

64 – 4 = 60

60 – 1 = ___

64 – 5 = ___

Pit:

72 – 4 = ___

___

___

___

Sarah:

61 – 3 = ___

___

___

___

Ricki:

71 – 6 = ___

___

___

___

2 Noch weiter hinunter! Rechne schrittweise.

36 – 7 = ___

24 – 8 = ___

55 – 6 = ___

62 – 3 = ___

71 – 2 = ___

83 – 5 = ___

TIPP:

Beim **Wegnehmen mit Zehnerübergang** rechnest du **schrittweise**. Zuerst bis zum **nächsten Zehner**, dann den Rest. Dazu musst du die Zahl, die du wegnimmst, zerlegen.

Beispiel: 57 – **8** = ___

Zuerst bis zum nächsten Zehner:

57 – **7 = 50**

Nun ist von der 8 noch **1** übrig:

50 – **1 = 49**

also: 57 – **8 = 49**

1 Hilf mit, die Birnen in die richtige Obstkiste zu ordnen. Vergleiche die Ergebniszahlen, und male die Birnen in der jeweils richtigen Farbe aus.

42 + 26 = 68
42 + 20 + 6 = 68

37 + 61 = ___
37 + ___ + ___ = ___

32 + 24 = ___
32 + ___ + ___ = ___

73 + 16 = ___
73 + ___ + ___ = ___

52 + 27 = ___
52 + ___ + ___ = ___

25 + 34 = ___
25 + ___ + ___ = ___

13 + 25 = ___
13 + ___ + ___ = ___

63 + 22 = ___
63 + ___ + ___ = ___

41 + 47 = ___
41 + ___ + ___ = ___

52 + 26 = ___
52 + ___ + ___ = ___

62 + 15 = ___
___ + ___ + ___ = ___

82 + 13 = ___
___ + ___ + ___ = ___

12 + 56 = ___
___ + ___ + ___ = ___

24 + 13 = ___
___ + ___ + ___ = ___

45 + 54 = ___
___ + ___ + ___ = ___

TIPP:

Rechne **schrittweise**!
Zerlege in **Zehner** und **Einer**!

Beispiel: 53 + **26** = __
53 + **20** + **6** = 79

oder: 53 + **26** = __
50 + **20** + 3 + 6 = 79

Subtrahieren zweistelliger Zahlen

1 Erntezeit! Wie viele Früchte bleiben an den Bäumen für die Vögel übrig? Rechne die Aufgaben in jedem Obstkorb nacheinander aus, und schreibe das Endergebnis auf. Male nun die restlichen Früchte in die Bäume hinein.

79 – 23 = 56
79 – 20 – 3 = 56

56 – 32 = ___
56 – ___ – ___ = ___

24 – 11 = ___
24 – ___ – ___ = ___

98 – 24 = ___
98 – ___ – ___ = ___

74 – 41 = ___
74 – ___ – ___ = ___

33 – 22 = ___
33 – ___ – ___ = ___

86 – 21 = ___
86 – ___ – ___ = ___

65 – 43 = ___
65 – ___ – ___ = ___

22 – 11 = ___
22 – ___ – ___ = ___

TIPP:

Rechne **schrittweise**!
Zerlege in **Zehner** und **Einer**!

Beispiel: 69 – **34** = ___
69 – **30** – **4** = 35

oder: 69 – **34** = ___
69 – **4** – **30** = 35

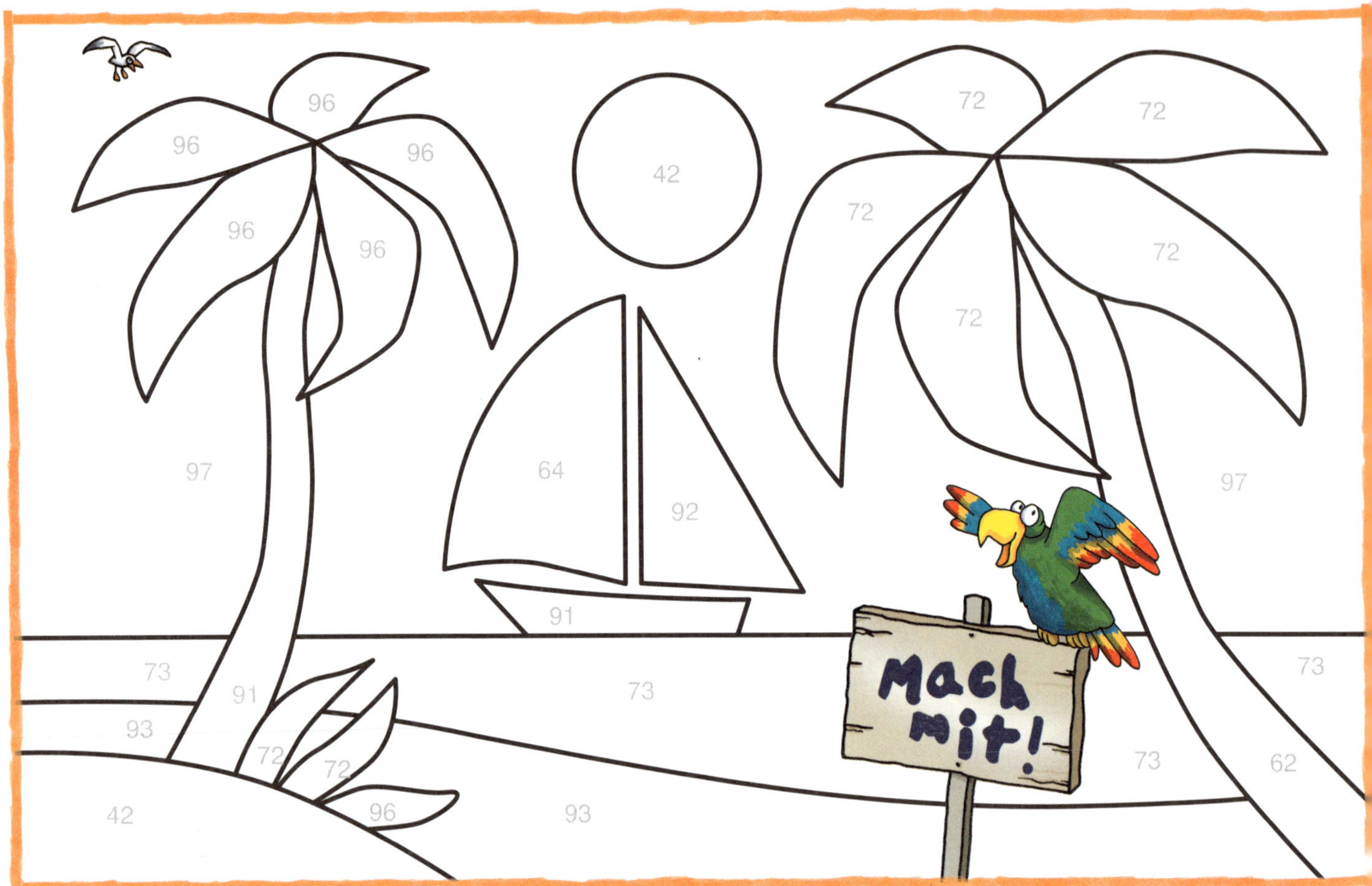

17 + 25 = 42 17 + 20 = 37 37 + 5 = 42	46 + 27 = ___ 46 + ___ = ___ ___ + ___ = ___	17 + 75 = ___ ___ + ___ = ___ ___ + ___ = ___	43 + 29 = ___ ___ + ___ = ___ ___ + ___ = ___
56 + 37 = ___ ___ + ___ = ___ ___ + ___ = ___	68 + 29 = ___ ___ + ___ = ___ ___ + ___ = ___	48 + 48 = ___ ___ + ___ = ___ ___ + ___ = ___	55 + 36 = ___ ___ + ___ = ___ ___ + ___ = ___
17 + 45 = ___ ___ + ___ = ___ ___ + ___ = ___	37 + 27 = ___ ___ + ___ = ___ ___ + ___ = ___		

1 Bald sind Ferien! Rechne schrittweise, und male dann das Ferienbild mit den angegebenen Farben aus.

TIPP:

Rechne **schrittweise**!
Zähle zuerst die **Zehner** dazu, dann die **Einer** – oder umgekehrt!

Beispiel: 27 + **39** =
27 + **30** = 57
57 + **9** = 66

oder: 27 + **39** =
27 + **9** = 36
36 + **30** = 66

Subtrahieren zweistelliger Zahlen mit Zehnerübergang

1 Achtung! Hier ist ein giftiger Pilz dabei. Finde heraus, welcher es ist, und streiche ihn durch. Für ihn gibt es keinen passenden Pilzkorb.

81 – 16 = ___
___ – ___ = ___
___ – ___ = ___

61 – 42 = ___
___ – ___ = ___
___ – ___ = ___

94 – 26 = 68
94 – 20 = 74
74 – 6 = 68

68

25

98 – 49 = ___
___ – ___ = ___
___ – ___ = ___

63 – 47 = ___
___ – ___ = ___
___ – ___ = ___

84 – 45 = ___
___ – ___ = ___
___ – ___ = ___

46

19

18

75 – 59 = ___
___ – ___ = ___
___ – ___ = ___

76 – 58 = ___
___ – ___ = ___
___ – ___ = ___

73 – 48 = ___
73 – ___ = ___
___ – ___ = ___

39

16

81 – 35 = ___
___ – ___ = ___
___ – ___ = ___

65

16

TIPP:

Rechne **schrittweise**.
Ziehe zuerst die **Zehner** ab, dann die **Einer** – oder umgekehrt.

Beispiele: 72 – **54** =
72 – **50** = 22
22 – **4** = 18

oder: 72 – **54** =
72 – **4** = 68
68 – **50** = 18

Tauschaufgaben und Umkehraufgaben

1 Alle haben ihre Mützen getauscht. Welche Mütze gehört zu wem? Ergänze die Tauschaufgaben, und rechne alles aus. Male dann die jeweils passenden Mützen und Köpfe in derselben Farbe aus.

2 Rechne aus, und verbinde jede Rechnung mit ihrer Umkehraufgabe.

46 – 31 = 15	63 + 29 = ___
64 – 49 = ___	15 + 49 = ___
54 – 38 = ___	36 + 27 = ___
63 – 27 = ___	15 + 31 = 46
92 – 29 = ___	19 + 56 = ___
– 56 = ___	16 + 38 = ___

TIPP:

Bei der **Tauschaufgabe** werden die beiden Zahlen vor dem Gleichheitszeichen vertauscht.
Das Ergebnis ist bei beiden Aufgaben gleich.
Beispiel: **36 + 21** = 57
21 + 36 = 57
Bei der **Umkehraufgabe** ändert sich das Vorzeichen. Aus einer Plusaufgabe wird eine Minusaufgabe und umgekehrt.
Mit der Umkehraufgabe kannst du die Probe machen, ob du richtig gerechnet hast!
Beispiel: 46 **–** 31 = 15 (Aufgabe)
15 **+** 31 = 46 (Umkehraufgabe)

Wiederholung

1 Zerlege und rechne.

a) 42 + 13 = ______

b) 53 + 14 = ______

c) 67 + 22 = ______

d) 63 + 9 = ______

e) 22 + 9 = ______

2 Rechne schrittweise.

a) 83 – 7 = ______

b) 24 – 8 = ______

c) 72 – 8 = ______

d) 63 – 5 = ______

e) 51 – 6 = ______

3 Ergänze zum nächsten Zehner.

a) 66 + ______ = ______

b) 52 + ______ = ______

c) 77 + ______ = ______

4 Zerlege und subtrahiere dann.

a) 56 – 17 = ______

b) 43 – 25 = ______

c) 71 – 22 = ______

5 Löse die Sachaufgabe.

25 Kinder gehen ins Schwimmbad.
Jedes Kind hat 2 Handtücher dabei.
Frage: Wie viele Handtücher sind es insgesamt?

Rechnung:

Antwort: ______

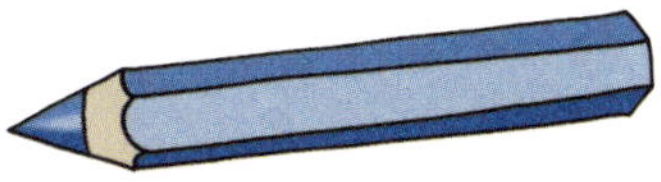

TIPP:

Überprüfe selbst, was du weißt!
Wenn du eine Aufgabe nicht lösen kannst, sieh vorn noch einmal nach.
Je öfter du das Gelernte wiederholst, desto sicherer kannst du es dir merken!

Von der Plusaufgabe zur Malaufgabe

1 Das braucht der Handwerker! Schreibe auf, wie viele Einzelteile es jeweils sind.

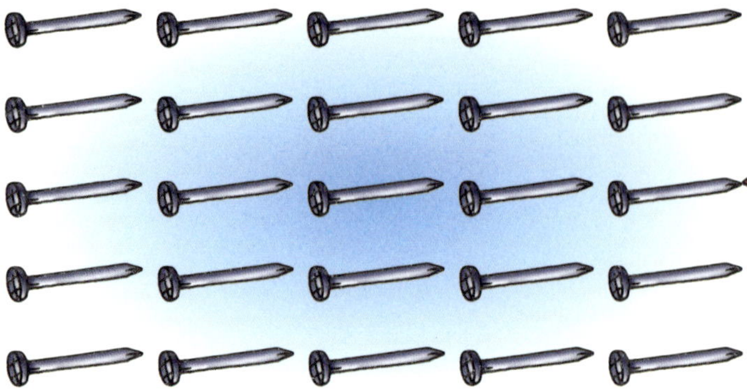

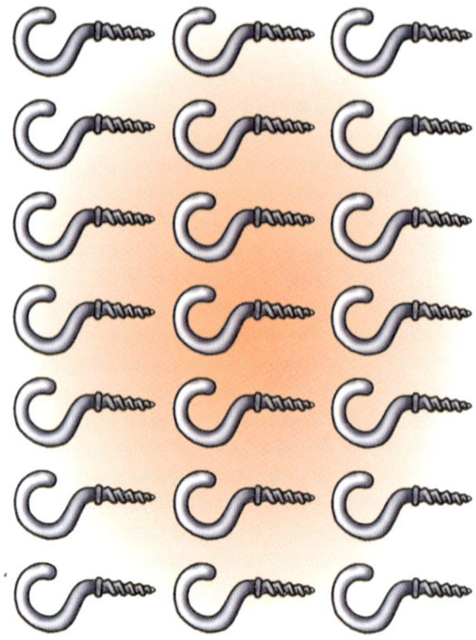

5 + 5 + 5 + 5 + 5 = ___

5 · 5 = ___

3 + 3 + 3 + 3 + 3 + 3 + 3 = ___

7 · 3 = ___

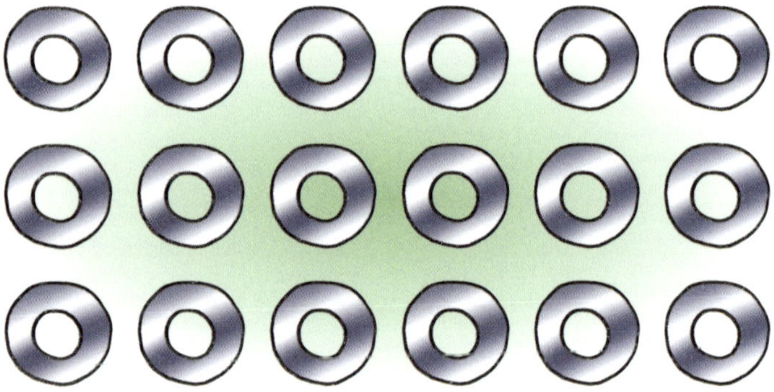

6 + 6 + 6 = ___

3 · 6 = ___

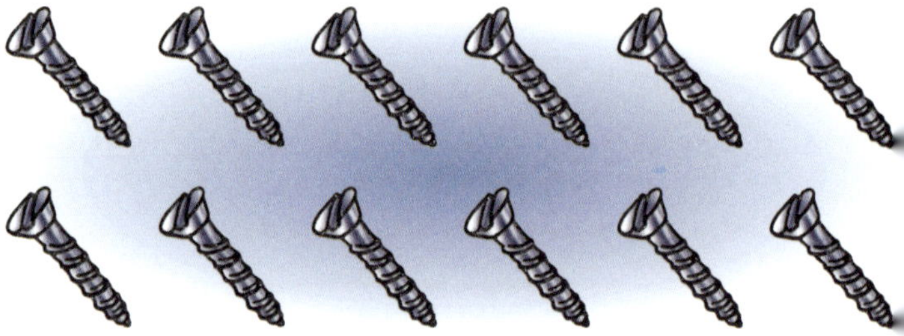

6 + 6 = ___

2 · 6 = ___

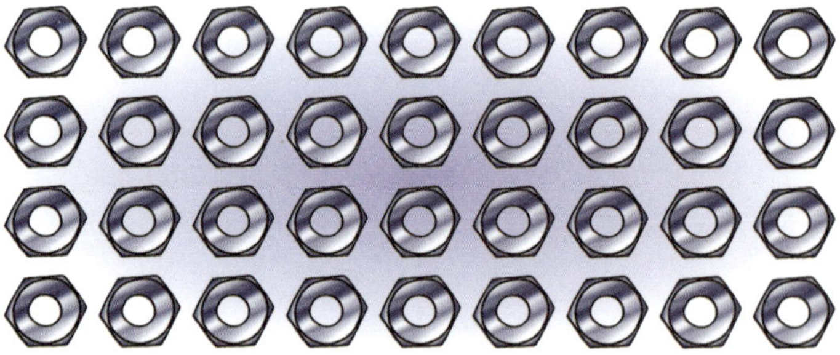

9 + 9 + 9 + 9 = ___

4 · 9 = ___

2 Schreibe zu jeder Plusaufgabe eine passende Malaufgabe, und rechne sie aus.

3 + 3 + 3 = ______________________ = ___

4 + 4 + 4 + 4 + 4 = ______________________ = ___

5 + 5 + 5 = ______________________ = ___

6 + 6 + 6 + 6 = ______________________ = ___

7 + 7 = ______________________ = ___

8 + 8 + 8 + 8 = ______________________ = ___

9 + 9 + 9 = ______________________ = ___

TIPP:

Anstatt einer **langen Plusaufgabe** kannst du eine **kurze Malaufgabe** schreiben.
Beispiel:

2 + 2 + 2 + 2 + 2 + 2 + 2 + 2 = 16
8 · 2 = 16

Einmaleins mit 2

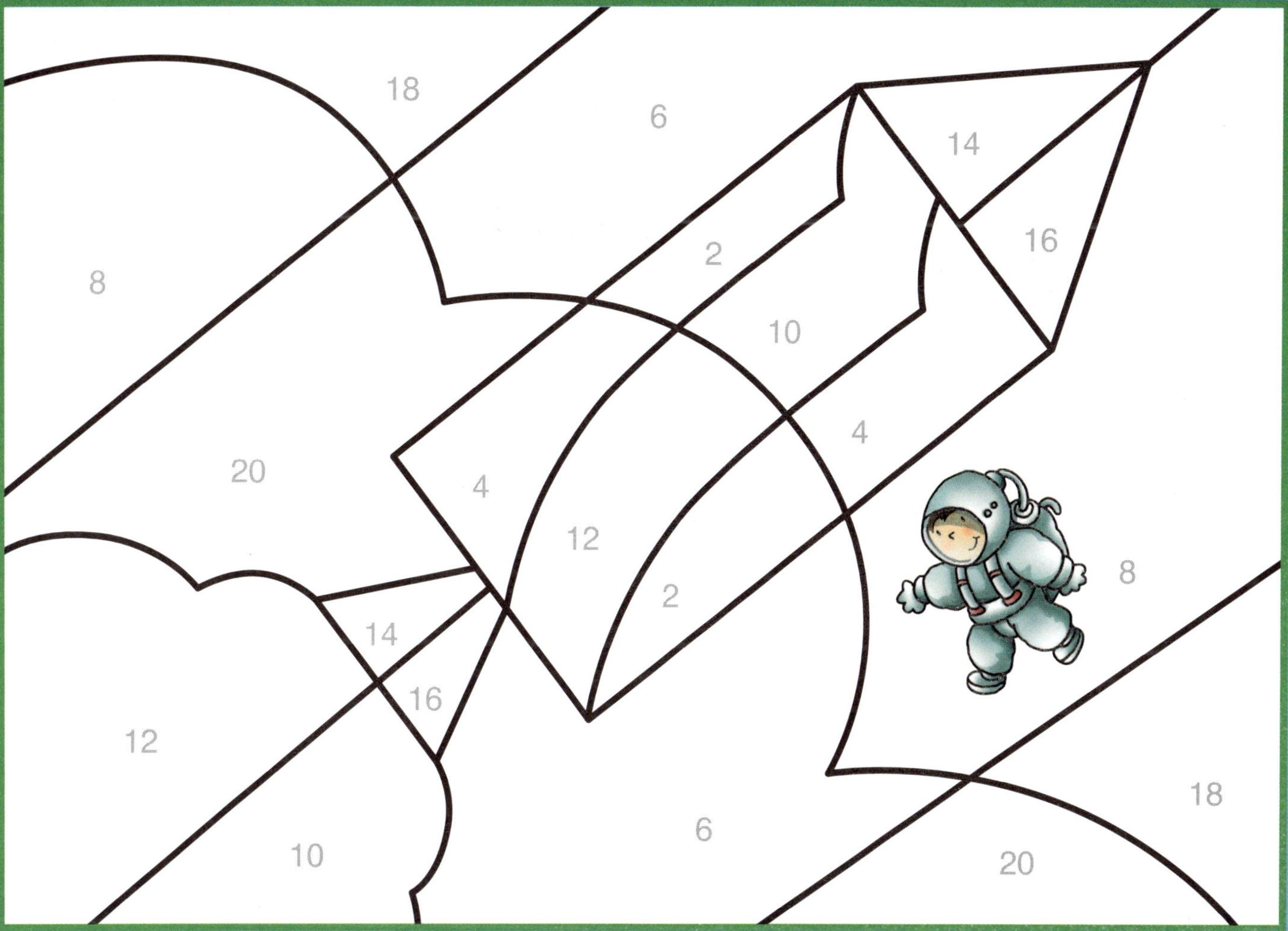

1 Rechne und male dann die Ergebnisfelder in den Farben der Sterne aus.

6 · 2 = __

2 · 5 = __

5 · 2 = __

2 · 8 = __

9 · 2 = __

2 · 2 = __

1 · 2 = __

2 · 1 = __

2 · 7 = __

2 · 4 = __

4 · 2 = __

2 · 10 = __

2 · 2 = __

8 · 2 = __

2 · 3 = __

10 · 2 = __

2 · 9 = __

2 · 6 = __

7 · 2 = __

3 · 2 = __

TIPP:

Das ist das **Einmaleins mit 2**.
Lerne es auswendig.

1 · 2 = 2	6 · 2 = 12
2 · 2 = 4	7 · 2 = 14
3 · 2 = 6	8 · 2 = 16
4 · 2 = 8	9 · 2 = 18
5 · 2 = 10	10 · 2 = 20

Einmaleins mit 10

1 Die Vögel fliegen zu dem Vogelhäuschen, in dem ihr Lieblingsfutter liegt! Verbinde jeden Vogel mit dem passenden Häuschen.

10 · 10 = ____

3 · 10 = ____

2 · 10 = ____

7 · 10 = ____

5 · 10 = ____

10 · 6 = ____

10 · 2 = ____

9 · 10 = ____

10 · 9 = ____

10 · 3 = ____

10 · 7 = ____

6 · 10 = ____

10 · 5 = ____

TIPP:

Das ist das **Einmaleins mit 10**.
Lerne es auswendig.

1 · 10 = 10	6 · 10 = 60
2 · 10 = 20	7 · 10 = 70
3 · 10 = 30	8 · 10 = 80
4 · 10 = 40	9 · 10 = 90
5 · 10 = 50	10 · 10 = 100

Einmaleins mit 5

1 Welcher Frosch und welches Seerosenblatt gehören zusammen?
Male sie jeweils in derselben Farbe aus.

TIPP:

Das ist das **Einmaleins mit 5**.
Lerne es auswendig.

1 · 5 = 5	6 · 5 = 30
2 · 5 = 10	7 · 5 = 35
3 · 5 = 15	8 · 5 = 40
4 · 5 = 20	9 · 5 = 45
5 · 5 = 25	10 · 5 = 50

Einmaleins mit 2, 5 und 10

1 Auf Nektarsuche! Zeige jeder Biene den Weg zur richtigen Blume. Rechne und verbinde durch honiggelbe Striche. Achtung, auf vier Blumen landen gleich zwei Bienen!

TIPP:

Die Einmaleinsreihen musst du dir gut einprägen. Lerne sie auswendig, und lass dich immer wieder abfragen.

Einmaleins mit 4

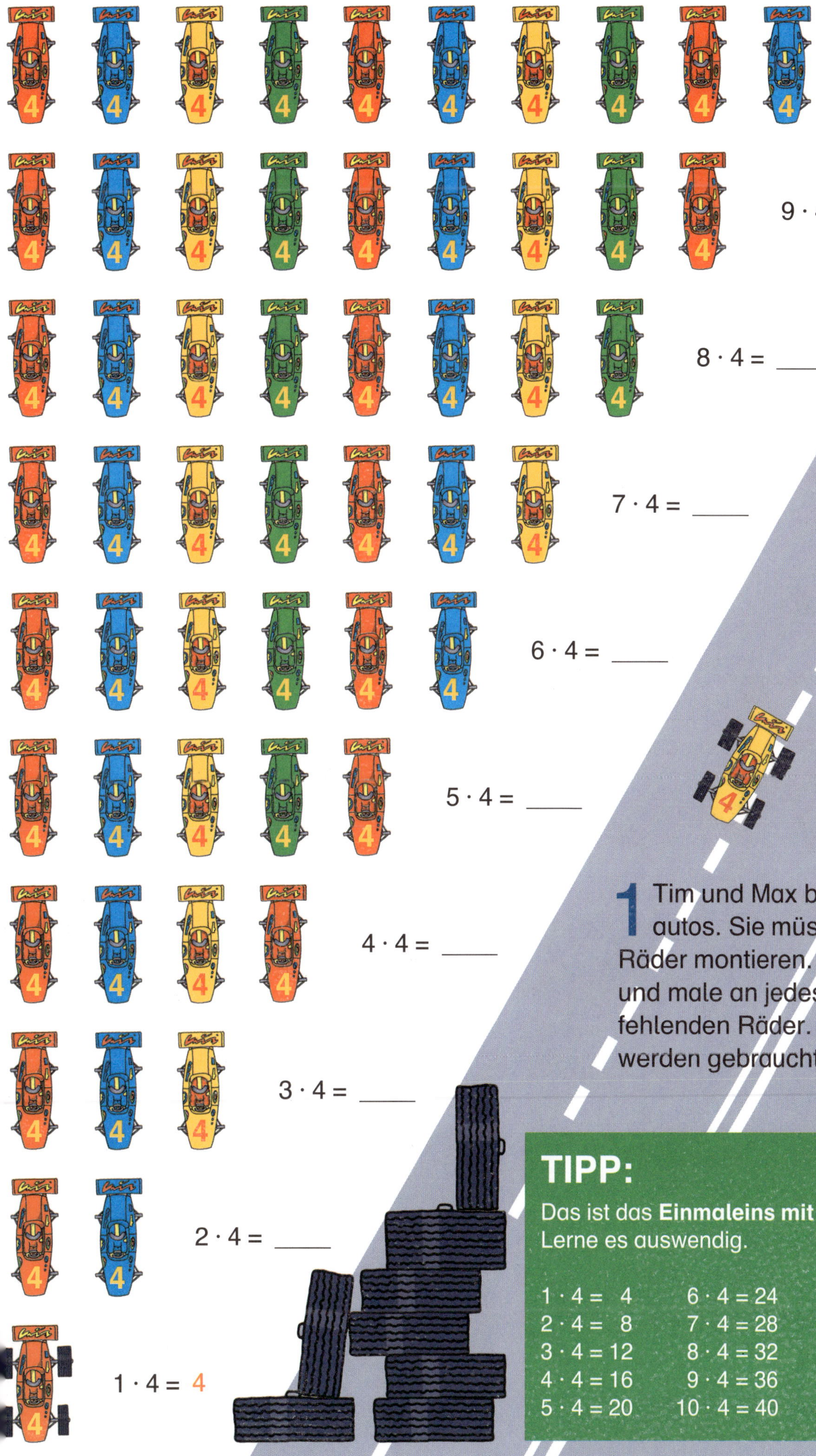

10 · 4 = ____

9 · 4 = ____

8 · 4 = ____

7 · 4 = ____

6 · 4 = ____

5 · 4 = ____

4 · 4 = ____

3 · 4 = ____

2 · 4 = ____

1 · 4 = 4

1 Tim und Max basteln Modellautos. Sie müssen nur noch die Räder montieren. Hilf ihnen dabei, und male an jedes Modell die fehlenden Räder. Wie viele werden gebraucht?

TIPP:

Das ist das **Einmaleins mit 4**.
Lerne es auswendig.

1 · 4 = 4	6 · 4 = 24
2 · 4 = 8	7 · 4 = 28
3 · 4 = 12	8 · 4 = 32
4 · 4 = 16	9 · 4 = 36
5 · 4 = 20	10 · 4 = 40

Einmaleins mit 8

1 Die Kinder packen eine Pralinenschachtel für ihre Oma. In jede Reihe passen 8 Pralinen. Umkreise immer 8 Pralinen, und male für jede einen braunen Kreis in die Schachtel. Schreibe immer am Ende der Reihe, wie viele Pralinen nun schon in der Schachtel sind.

1 · 8 = 8
2 · 8 = ____
3 · 8 = ____
4 · 8 = ____
5 · 8 = ____
6 · 8 = ____
7 · 8 = ____
8 · 8 = ____
9 · 8 = ____
10 · 8 = ____

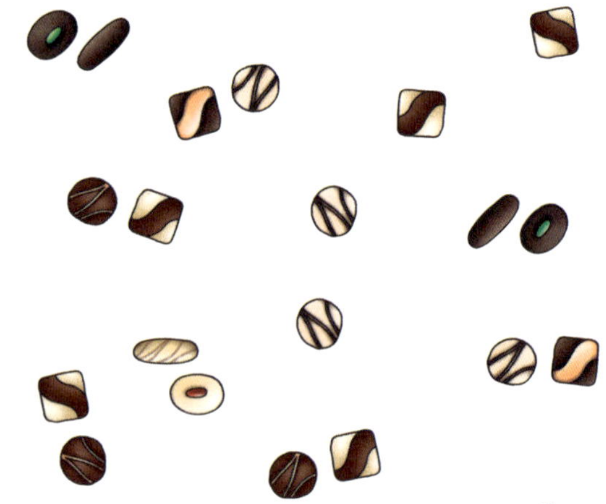

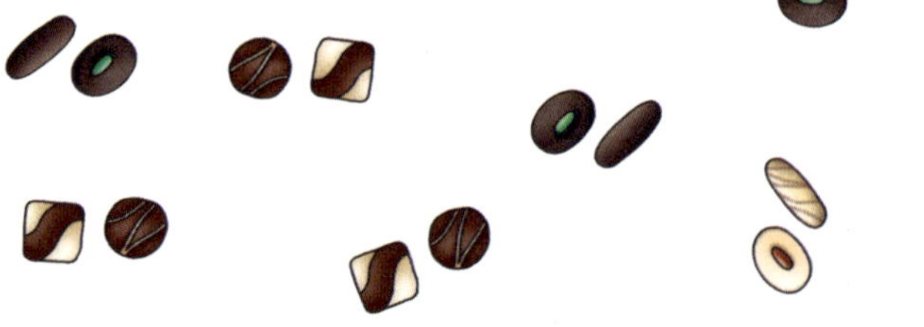

2 Ergänze die Pralinen-Rechnungen.

3 · 8 = ____	5 · 8 = ____
2 · 8 = ____	10 · 8 = ____
6 · 8 = ____	7 · 8 = ____
4 · 8 = ____	8 · 8 = ____
1 · 8 = ____	9 · 8 = ____

TIPP:

Das ist das Einmaleins mit 8.
Lerne es auswendig.

1 · 8 = 8	6 · 8 = 48
2 · 8 = 16	7 · 8 = 56
3 · 8 = 24	8 · 8 = 64
4 · 8 = 32	9 · 8 = 72
5 · 8 = 40	10 · 8 = 80

Sachaufgaben

1 Simon setzt Tomatenpflanzen. Sein Beet hat 6 Reihen. In jede Reihe passen 5 Pflanzen.

Frage: ______________________________

____

Rechnung:

Antwort: ______________________________

____

2 Leon sammelt Autobilder. Er bekommt von seiner Oma 4 Briefchen geschenkt. In jedem Briefchen sind 9 Stück.

Frage: ______________________________

____

____

Rechnung:

Antwort: ______________________________

____

____

3 Karin hat 27 Erdbeeren geerntet. Sie teilt sie mit ihrem Bruder und ihrer Schwester.

Frage: ______________________________

____

Rechnung:

Antwort: ______________________________

____

TIPP:

Lies die Sachaufgaben **genau** durch.
Diese Wörter verraten dir,
welche Rechenzeichen du benutzen musst:
„In jede Reihe passen 5 ..."
„In jedem Briefchen sind 9 ..."
Hier handelt es sich um Malaufgaben.
Du verwendest also das Zeichen **·** !
„Sie teilt ..."
„... teilt gerecht auf ..."
Hier handelt es sich um Geteiltaufgaben.
Du verwendest also das Zeichen **:** !

Einmaleins mit 2, 4 und 8

1 Bunte Drehscheiben!
Setze die fehlenden Zahlen ein.

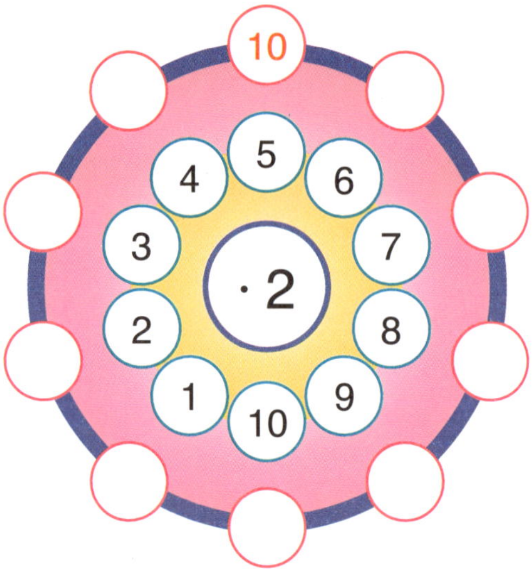

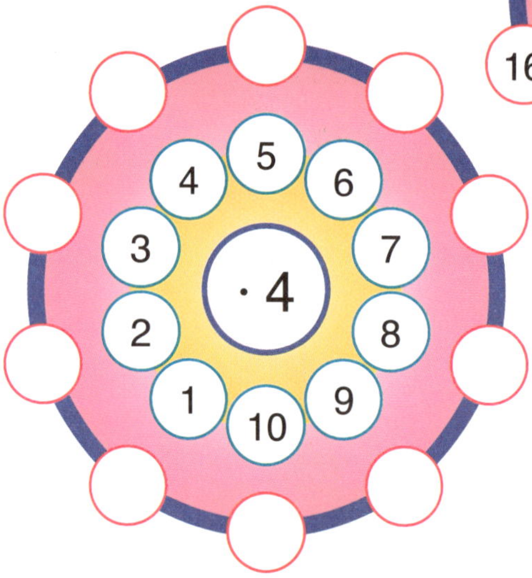

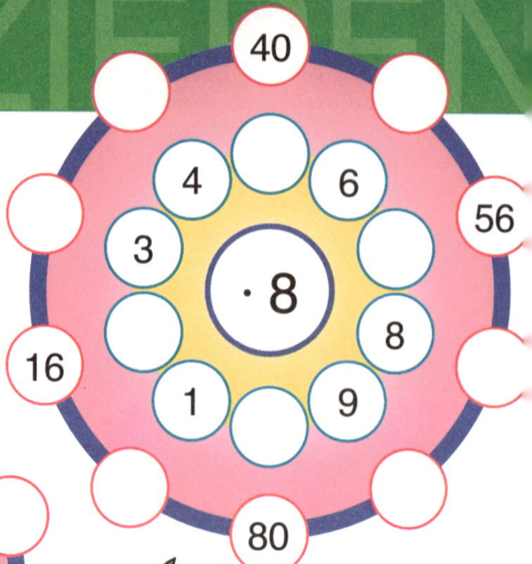

2 Die Kinder haben Lose gezogen. Welche Gewinne gehören ihnen? Verbinde jeweils den Loszettel mit dem passenden Gewinn.

2 · 2 = ____

32

8

4 · 4 = ____

6

7 · 8 = ____

16

3 · 4 = ____

12

40

2 · 4 = 8

7 · 2 = ____

4 · 2 = ____

8 · 4 = ____

72

3 · 2 = ____

24

48

8 · 6 = ____

5 · 8 = ____

6 · 4 = ____

56

20

36

18

4

9 · 8 = ____

6 · 2 = ____

5 · 2 = ____

28

10

7 · 4 = ____

14

9 · 4 = ____

8

9 · 2 = ____

12

5 · 4 = ____

Einmaleins mit 2, 4, 8 und 5

3 Rauf und runter auf der Schiffsschaukel!
Umkreise jeweils die zwei Aufgaben, die zusammengehören, mit derselben Farbe.

7 · 5 = ____

64 : 8 = ____

4 · 8 = ____

56 : 8 = ____

4 · 5 = ____

35 : 5 = ____

6 · 4 = ____

20 : 5 = ____

9 · 8 = ____

24 : 4 = ____

7 · 8 = ____

32 : 8 = ____

8 · 8 = ____

72 : 8 = ____

TIPP:

Lerne alle Einmaleinsreihen auswendig. Du kannst dir auch die Ergebniszahlen in der richtigen Reihenfolge merken. Überlege zu jeder Malaufgabe auch die Geteiltaufgabe. So wirst du sicher im Einmaleinsrechnen!

	Ergebniszahlen:
(1 · 5)	5 – 10 – 15 – 20 – 25 – 30 – 35 – 40 – 45 – 50
(1 · 2)	2 – 4 – 6 – 8 – 10 – 12 – 14 – 16 – 18 – 20
(1 · 4)	4 – 8 – 12 – 16 – 20 – 24 – 28 – 32 – 36 – 40
(1 · 8)	8 – 16 – 24 – 32 – 40 – 48 – 56 – 64 – 72 – 80

Tauschaufgaben

1 Großer Tausch-Basar! Wer tauscht mit wem? Rechne aus, und male dann die zusammengehörigen Tauschpartner in derselben Farbe aus.

TIPP:

Bei der **Tauschaufgabe** werden die beiden Zahlen **vertauscht**. **Aufgabe** und **Tauschaufgabe** haben immer **dasselbe Ergebnis**.

Beispiel: 3 · 7 = **21**
7 · 3 = **21**

Sachaufgaben

1 Uli und seine Freunde sind auf der Autoscooter-Bahn. Für 12 € bekommen sie 4 Fahrkarten. Was kostet eine Fahrkarte?

Rechnung:

Antwort: ______________________

____

2 Nina fährt 4-mal mit der Achterbahn. 1 Fahrt spendiert sie ihrer Freundin. Jede Fahrt kostet 3 €. Wie viel bezahlt sie insgesamt?

Rechnung:

Antwort: ______________________

____

3 Sarah geht zum Ponyreiten. Eine Runde kostet 2 €. Sie reitet 5-mal. Wie viel muss Sarah bezahlen?

Rechnung:

Antwort: ______________________

____

TIPP:

Hier musst du Mal- oder Geteiltrechnungen aufstellen. Wenn nach dem **Preis** gefragt wird, musst du zur Ergebniszahl noch die **Bezeichnung €** dazuschreiben.

Umkehraufgaben

1 Lisa und Max haben viele bunte Luftballons. Teile die Gesamtanzahl durch die Anzahl in den einzelnen Bündeln, und führe zur Kontrolle die Umkehraufgabe aus.

20 : 5 = 4
4 · 5 = 20

32 : 4 = ___
8 · 4 = ___

24 : 3 = ___
___ · 3 = ___

2 Welche Geteiltaufgabe und welche Malaufgabe gehören zusammen? Rechne und male die Paare immer mit derselben Farbe aus.

40 : 5 = ___

36 : 6 = 6

7 · 3 = ___

20 : 5 = ___

14 : 7 = ___

4 · 5 = ___

6 · 6 = 36

8 · 5 = ___

21 : 7 = ___

2 · 7 = ___

TIPP:

Die Umkehraufgabe jeder Malaufgabe ist eine Geteiltaufgabe und umgekehrt.

Beispiele:
4 · 5 = 20 (Malaufgabe)
20 : 5 = 4 (Geteiltaufgabe)

12 : 3 = 4 (Geteiltaufgabe)
4 · 3 = 12 (Malaufgabe)

Wiederholung

1 Multipliziere.

a) 2 · 4 = ______

b) 2 · 6 = ______

c) 5 · 10 = ______

d) 3 · 10 = ______

e) 5 · 5 = ______

2 Dividiere.

a) 28 : 4 = ______

b) 14 : 2 = ______

c) 10 : 5 = ______

d) 16 : 2 = ______

e) 30 : 5 = ______

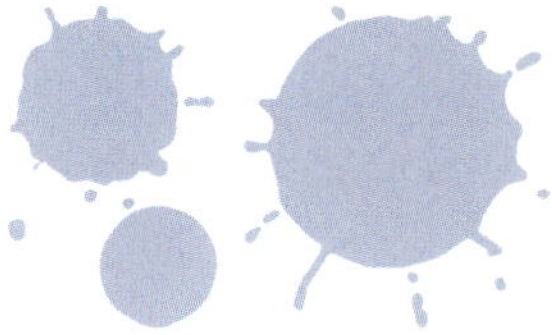

3 Löse die Sachaufgabe.

Anna erntet Äpfel von ihren vier Bäumen im Garten. An jedem Baum hängen 8 Äpfel.
Wie viele Äpfel kann Anna insgesamt ernten?

Rechnung:

Antwort:

______

______

4 Löse die Sachaufgabe.

Lisa hat ein Blumenbeet. In jeder Reihe wachsen 6 Blumen. Insgesamt sind es 36 Blumen.
Wie viele Reihen hat sie gepflanzt?

Rechnung:

Antwort:

______

______

5 Löse die Sachaufgabe.

Acht Freunde teilen sich eine Pizza mit 16 Stücken.
Wie viele Stücke bekommt jeder?

Rechnung:

Antwort:

______

______

TIPP:

Überprüfe selbst, was du weißt!
Wenn du eine Aufgabe nicht lösen kannst, sieh vorn noch einmal nach.
Je öfter du das Gelernte wiederholst, desto sicherer kannst du es dir merken!

Messen mit Körpermaßen

1 Wie lang sind diese Gegenstände?
Miss sie aus, und trage die Maße in die Liste ein.

	Handbreite	Daumenbreite	Handspanne
deine Lieblingskassette	______	8	______
dein Lesebuch	______	______	______
dein Federmäppchen	______	______	______
dein Schulranzen	______	______	______
dein Bleistift	______	______	______

2 Hier geht es um längere Strecken! Miss sie aus,
und trage die Maße in die Liste ein.

	Armspanne	Schrittlänge	Elle	Fußlänge
dein Schreibtisch	______	______	______	______
dein Bett	______	______	______	______
dein Handtuch	______	______	______	______
dein Teppich	______	______	______	______
dein Zimmer	______	______	______	______

Messen mit Körpermaßen

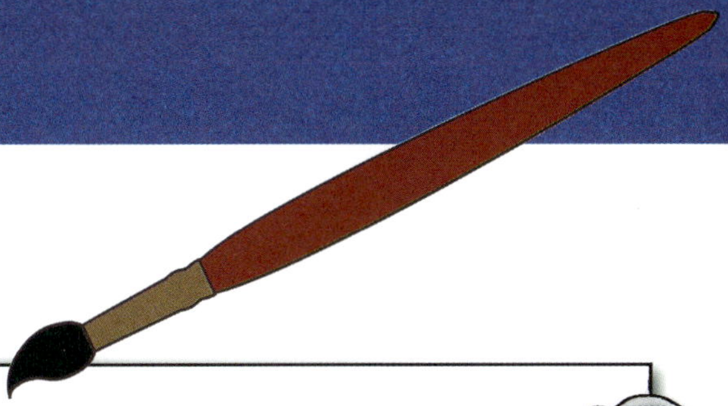

3 Trage ein:
Welche Gegenstände sind ungefähr so lang wie ...

1 Daumenbreite Spitzer, ______________________

1 Fußlänge ______________________

1 Handspanne ______________________

1 Handbreite ______________________

1 Armlänge ______________________

1 Schrittlänge ______________________

1 Elle ______________________

4 Miss die genannten Gegenstände mit deiner Daumenbreite aus. Trage deine Ergebnisse ein.

Bleistift ____________ Pinsel ____________ Farbkasten ____________

Zeichenblock ____________ Lineal ____________ Heft ____________

Körpermaße

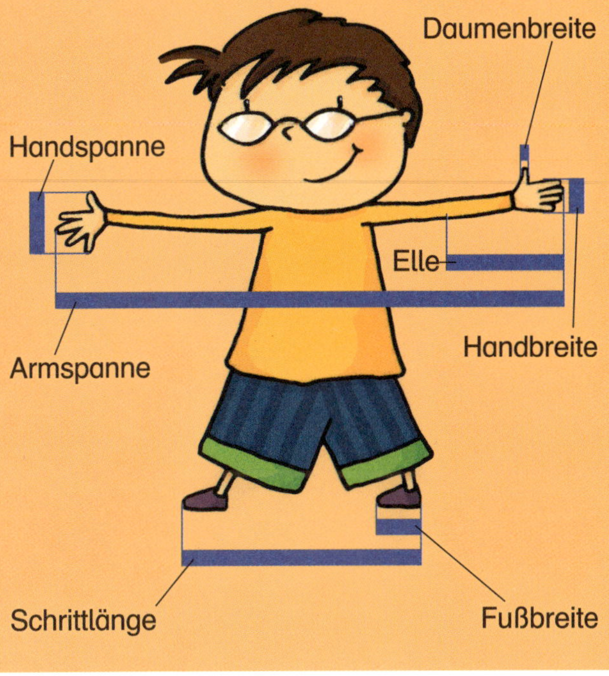

TIPP:

Früher benutzten die Menschen ihre Hände, Füße, Arme, Beine etc., um etwas auszumessen. Diese Maße nennt man **Körpermaße**. Vorteil der Körpermaße ist, dass man sie immer dabeihat. Nachteil der Körpermaße ist, dass sie unterschiedlich groß sind, da z. B. die Füße nicht bei jedem Menschen gleich sind.
Kurze Strecken kannst du mit
deiner **Daumenbreite**,
deiner **Handbreite**,
deiner **Handspanne** oder
deiner **Fußlänge** messen.
Längere Strecken misst du mit
deiner **Elle**,
deiner **Armspanne** oder
deiner **Schrittlänge**.

Messen mit Zentimetern

1 Trage die fehlenden Zahlen auf dem Lineal ein.

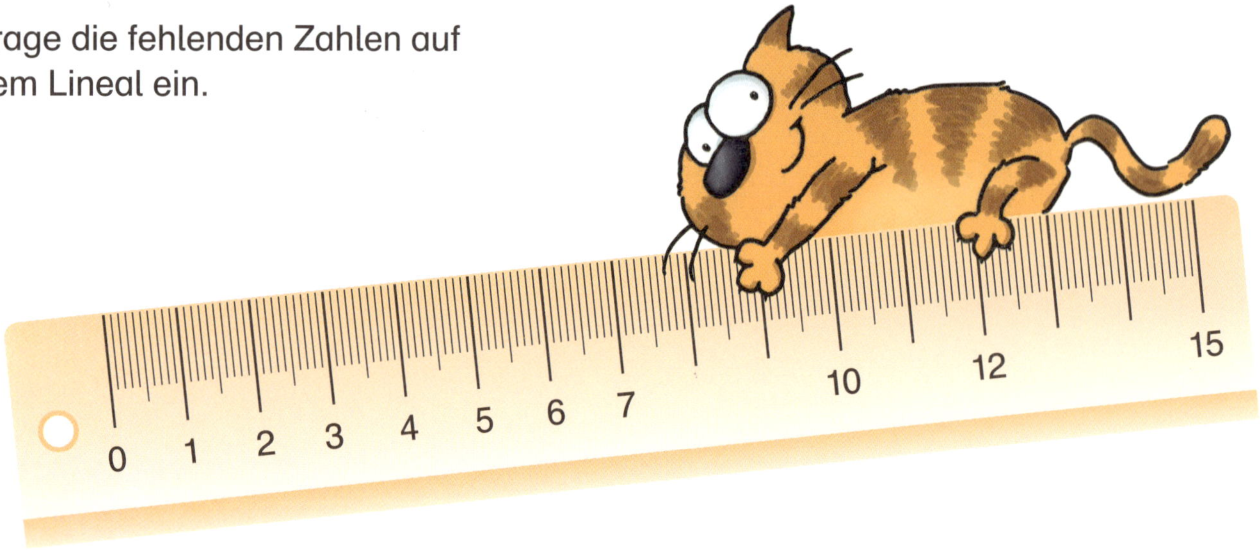

2 Wer trägt das größte Schild? Miss mit deinem Lineal genau nach, und trage deine Ergebnisse ein. Male dann die Tiere bunt aus.

Messen mit Zentimetern

3 Käferwettrennen! Miss mit deinem Lineal nach, wie weit jeder Käfer gekommen ist, und trage die Ergebnisse in die Kästchen ein.

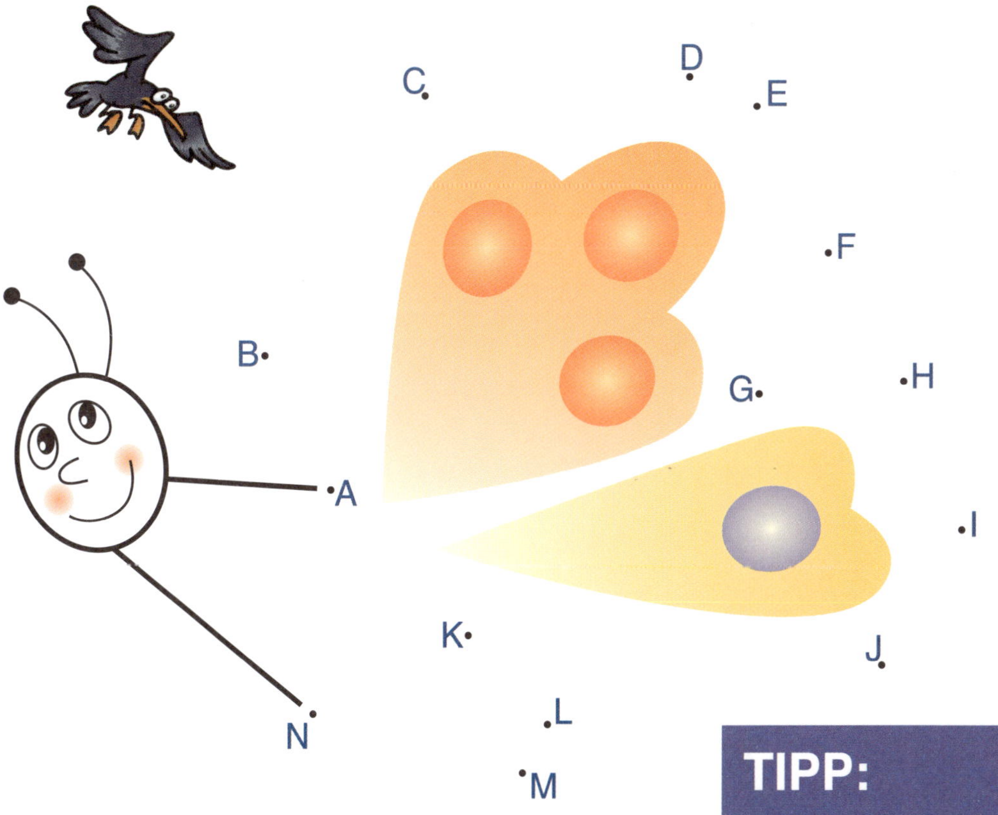

4 Was fliegt denn da? Verbinde die Punkte in der Reihenfolge des Alphabets, dann weißt du es. Beginne bei A, und ziehe die Linien mit Lineal. Wie lang sind die angegebenen Strecken? Miss mit dem Lineal nach, und trage deine Ergebnisse ein.

TIPP:

Mit dem Lineal kannst du **genau messen**!
Wichtig ist, dass du **immer bei 0** zu messen beginnst.
Das Lineal ist in **Zentimeter** eingeteilt.
Das hier abgebildete Lineal ist 15 Zentimeter lang. Die Abkürzung für Zentimeter ist cm.
1 Zentimeter = 1 cm

Messen mit Metern

1 Die Klasse 2a nimmt am Sportfest teil. Zuerst wird Weitwurf gemacht. Wie weit haben die Kinder geworfen?

Marko: ______ Meter

Julia: ______ Meter

Klaus: 24 Meter

Anne: ______ Meter

Jan: ______ Meter

2 Male die Bälle jeweils an die richtige Stelle.

3 Nun kommt der Hochsprung! Die Latte liegt bei einem Meter. Ergänze, wie viele Zentimeter den Springern noch fehlen (1 m = 100 cm).

50 cm + ______ cm = 100 cm

80 cm + ______ cm = 100 cm

60 cm + ______ cm = 100 cm

70 cm + ______ cm = 100 cm

98 cm + ______ cm = 100 cm

99 cm + ______ cm = 100 cm

93 cm + ______ cm = 100 cm

94 cm + ______ cm = 100 cm

TIPP:

Mit **Metern** misst du längere Strecken.
1 Meter hat 100 Zentimeter.
1 Meter = 100 Zentimeter
1 m = 100 cm

Rechnen mit Metern und Zentimetern

1 Suche die Zaunlatten, die gleich lang sind, und male sie jeweils in derselben Farbe aus.

20 m + 10 m = ________ m

30 m + 40 m = ________ m

10 m + 50 m = ________ m

47 m + 5 m = ________ m

74 m + 4 m = ________ m

55 m – 3 m = ________ m

15 m + 15 m = ________ m

64 m + 6 m = ________ m

82 m – 4 m = ________ m

77 m – 5 m = ________ m

68 m – 8 m = ________ m

63 m + 9 m = ________ m

2 Immer zwei Zaunstücke sind gleich lang. Ein Stück bleibt übrig. Streiche es durch.

1 m – 40 cm = 100 cm – 40 cm = ________ cm

14 cm + 6 cm = ________ cm

56 cm + 4 cm = ________ cm

1 m – 30 cm = ________ cm – ________ cm = ________ cm

1 m – 4 cm = ________ cm – ________ cm = ________ cm

12 cm + 9 cm = ________ cm

1 m – 80 cm = ________ cm – ________ cm = ________ cm

61 cm + 9 cm = ________ cm

88 cm + 4 cm = ________ cm

m – 8 cm = ________ cm – ________ cm = ________ cm

91 cm + 5 cm = ________ cm

TIPP:

Bei Rechnungen mit Metern oder Zentimetern musst du die **Maßeinheiten** immer zu den Zahlen schreiben. Besonders aufpassen musst du bei gemischten Maßangaben!

Beispiele:
6 · 8 **cm** = 48 **cm**
25 **m** + 5 **m** = 30 **m**

1 **m** – 20 **cm** = 80 cm
(1 m = 100 cm
100 **cm** – 20 **cm** = 80 **cm**)

40 **cm** + 60 **cm** = 1 m
(1 m = 100 cm
40 **cm** + 60 **cm** = 100 **cm** = 1 **m**)

1 Ein Feldhase kann 4 m weit hüpfen. Ein Frosch nur halb so weit. Wie viele Meter sind das?

Rechnung:

Antwort: ______________________

____

2 Lena schafft 3 m 50 cm beim Weitsprung. Petra springt noch 30 cm weiter. Wie weit ist das?

Rechnung:

Antwort: ______________________

____

Rechnung:

Antwort: ______________________

____

3 Oliver wirft den Ball 25 m weit. Dominiks Ball fliegt noch 7 m weiter. Wie viele Meter sind das?

TIPP:

Achte bei Sachaufgaben auf die **richtigen Maßangaben**: Meter (m), Zentimeter (cm) oder auch Meter und Zentimeter. Rechne bei unterschiedlichen Maßangaben zuerst alles in Zentimeter um.

Wiederholung

1 Miss die Länge der Kästchen mit deinem Lineal, und trage sie ein.

a) 5 Kästchen: ____________

b) 1 Kästchen: ____________

c) 7 Kästchen: ____________

2 Wie viele Meter sind es?

a) 32 m + 14 m = ______

b) 24 m + 55 m = ______

c) 69 m – 9 m = ______

3 Rechne erst in eine Maßeinheit um.

a) 1 m + 50 cm = __________________

____

b) 1 m – 70 cm = __________________

____

c) 3 m + 60 cm = __________________

____

4 Löse die Sachaufgabe.

Julia hat beim Weitwurf 6 m erreicht.
Markus wirft noch 2 m und 20 cm weiter.

Frage: __________________________

____

Rechnung:

Antwort: __________________________

____

TIPP:
Überprüfe selbst, was du weißt!
Wenn du eine Aufgabe nicht lösen kannst, sieh vorn noch einmal nach.
Je öfter du das Gelernte wiederholst, desto sicherer kannst du es dir merken!

Flächenformen

1 Kennst du diese Formen?
Male jede in einer anderen Farbe aus.

Quadrat | Rechteck | Dreieck | Kreis

2 Wie viele Quadrate, Rechtecke, Dreiecke und Kreise siehst du in dem Kasten?
Male jede Form in derselben Farbe aus, die du oben gewählt hast.

TIPP:

Das **Quadrat** hat
4 Ecken und 4 gleich lange Kanten.
Das **Rechteck** hat ebenfalls 4 Ecken;
die 2 gegenüberliegenden Kanten
sind jeweils gleich lang.
Das **Dreieck** hat 3 Ecken und 3 Kanten.
Der **Kreis** hat keine Ecken.

1 Hier sind Gegenstände von oben gezeichnet. Kannst du erkennen, was es ist? Färbe immer den Gegenstand und das entsprechende Wortkärtchen gleich ein.

Würfel

Bauklötzchen

Pyramide

Zylinderhut

Buch

Dose

2 Hier siehst du einen Würfel. Schau dir den Würfel genau an, und beantworte dann die Fragen.

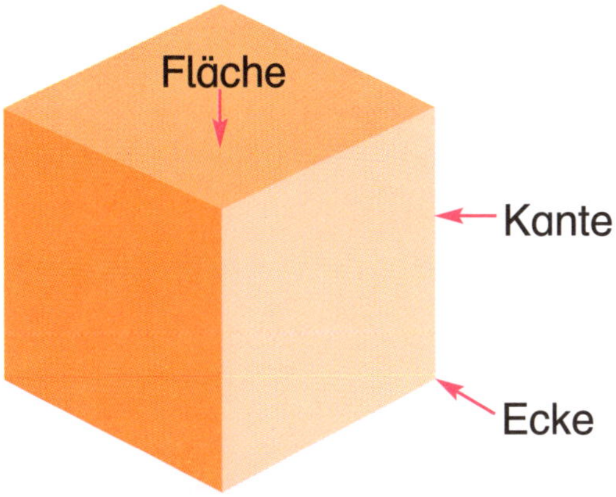

Aus wie vielen gleich großen Flächen (Quadraten) besteht der Würfel?

Kreuze richtig an:

8 4 7 6 5 10

Wie viele Kanten hat der Würfel?

Kreuze richtig an:

10 8 12 14 6 16

Wie viele Ecken hat der Würfel?

Kreuze richtig an:

4 6 12 8 10 14

TIPP:

Die **Flächen** eines **Würfels** sind immer **gleich große Quadrate**.
Jede Fläche wird von **Kanten** und **Ecken** begrenzt.
An einem Spielwürfel kannst du die Anzahl der Flächen, Kanten und Ecken besonders gut erkennen.

Übersicht

Wichtige Rechenzeichen und -ausdrücke

- **+** plus – zusammenzählen, addieren
- **–** minus – wegnehmen, abziehen, subtrahieren
- **·** mal – malnehmen, multiplizieren
- **:** geteilt – teilen, dividieren

Längeneinheiten

1 Meter = 100 Zentimeter
1 m = 100 cm

Einmaleinsreihen

Das Einmaleins mit 2

$1 \cdot 2 = 2$
$2 \cdot 2 = 4$
$3 \cdot 2 = 6$
$4 \cdot 2 = 8$
$5 \cdot 2 = 10$
$6 \cdot 2 = 12$
$7 \cdot 2 = 14$
$8 \cdot 2 = 16$
$9 \cdot 2 = 18$
$10 \cdot 2 = 20$

Das Einmaleins mit 4

$1 \cdot 4 = 4$
$2 \cdot 4 = 8$
$3 \cdot 4 = 12$
$4 \cdot 4 = 16$
$5 \cdot 4 = 20$
$6 \cdot 4 = 24$
$7 \cdot 4 = 28$
$8 \cdot 4 = 32$
$9 \cdot 4 = 36$
$10 \cdot 4 = 40$

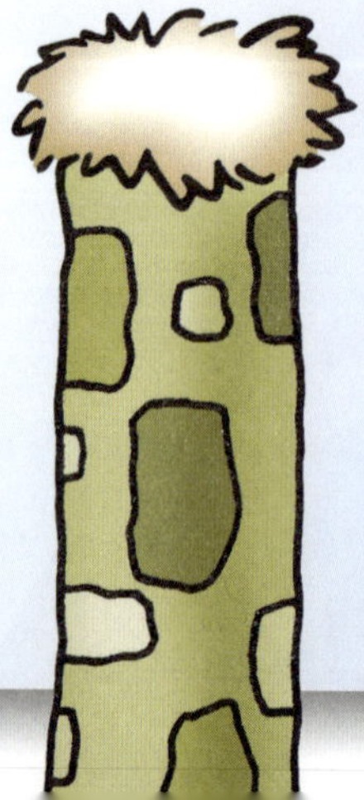

Einmaleinsreihen

Das Einmaleins mit 5

$1 \cdot 5 = 5$
$2 \cdot 5 = 10$
$3 \cdot 5 = 15$
$4 \cdot 5 = 20$
$5 \cdot 5 = 25$
$6 \cdot 5 = 30$
$7 \cdot 5 = 35$
$8 \cdot 5 = 40$
$9 \cdot 5 = 45$
$10 \cdot 5 = 50$

Das Einmaleins mit 8

$1 \cdot 8 = 8$
$2 \cdot 8 = 16$
$3 \cdot 8 = 24$
$4 \cdot 8 = 32$
$5 \cdot 8 = 40$
$6 \cdot 8 = 48$
$7 \cdot 8 = 56$
$8 \cdot 8 = 64$
$9 \cdot 8 = 72$
$10 \cdot 8 = 80$

Einmaleinsreihen

Das Einmaleins mit 10

$1 \cdot 10 = 10$
$2 \cdot 10 = 20$
$3 \cdot 10 = 30$
$4 \cdot 10 = 40$
$5 \cdot 10 = 50$
$6 \cdot 10 = 60$
$7 \cdot 10 = 70$
$8 \cdot 10 = 80$
$9 \cdot 10 = 90$
$10 \cdot 10 = 100$

Lösungen

Seite 4:

1 + 2

4 – 3 = 1; 14 – 3 = 11
6 + 2 = 8; 16 + 2 = 18
1 + 5 = 6; 11 + 5 = 16
8 + 2 = 10; 18 + 2 = 20
7 + 2 = 9; 17 + 2 = 19
3 – 2 = 1; 13 – 2 = 11
5 – 2 = 3; 15 – 2 = 13
8 – 5 = 3; 18 – 5 = 13
9 – 8 = 1; 19 – 8 = 11

Seite 5:

1 Gerade Zahlen:
2, 4, 6, 8, 10, 12, 14, 16, 18, 20
Ungerade Zahlen:
1, 3, 5, 7, 9, 11, 13, 15, 17, 19

2 Halbierte Zahlen:
7, 6, 3, 2, 8, 5
Verdoppelte Zahlen:
6, 10, 14, 18, 22, 26

Seite 6:

1

3 + 4 + **3** = 10
1 + 1 + **8** = 10
4 + 1 + **5** = 10
6 + 1 + **3** = 10
7 + 1 + **2** = 10
8 + 1 + **1** = 10
2 + 2 + **6** = 10
5 + 2 + **3** = 10
3 + 7 + **0** = 10
1 + 3 + **6** = 10
2 + 3 + **5** = 10
3 + 3 + **4** = 10
6 + 4 + **0** = 10
1 + 4 + **5** = 10
4 + 4 + **2** = 10
2 + 5 + **3** = 10
3 + 5 + **2** = 10
6 + 2 + **2** = 10
1 + 7 + **2** = 10
5 + 5 + **0** = 10
2 + 8 + **0** = 10
1 + 9 + **0** = 10

Seite 7:

1 Dach 8: 5, 4, 6, 7, 1
Dach 6: 5, 1, 4, 3, 2
Dach 9: 2, 1, 8, 4, 5
Dach 5: 4, 1, 3, 2, 5
Dach 7: 1, 2, 4, 5, 3
Dach 10: 4, 1, 3, 5, 8

Seite 8:

1

Leon: 6 + 4 + 3 = 13
Marie: 7 + 3 + 4 = 14
Peter: 9 + 1 + 6 = 16
Lisa: 4 + 6 + 1 = 11
David: 3 + 7 + 2 = 12
Hannes: 5 + 5 + 3 = 13

2

16 + 4 = 20
13 + 7 = 20
11 + 9 = 20
12 + 8 = 20
13 + 7 = 20
14 + 6 = 20

Seite 9:

1

Peter: 14 – 4 – 5 = 5
Leon: 15 – 5 – 4 = 6
David: 13 – 3 – 6 = 4
Marie: 11 – 1 – 7 = 3
Hannes: 16 – 6 – 1 = 9
Karin: 12 – 2 – 3 = 7

Seite 10:

1

11 + 6 = 17; 6 + 11 = 17
13 + 3 = 16; 3 + 13 = 16
14 + 5 = 19; 5 + 14 = 19
12 + 6 = 18; 6 + 12 = 18
12 + 7 = 19; 7 + 12 = 19
13 + 7 = 20; 7 + 13 = 20
15 + 4 = 19; 4 + 15 = 19
15 + 2 = 17; 2 + 15 = 17
18 + 1 = 19; 1 + 18 = 19

Seite 11:

1

15 – 7 = 8; 8 + 7 = 15
13 + 5 = 18; 18 – 5 = 13
17 – 9 = 8; 8 + 9 = 17
9 + 7 = 16; 16 – 7 = 9
13 – 8 = 5; 5 + 8 = 13
6 + 9 = 15; 15 – 9 = 6
11 – 2 = 9; 9 + 2 = 11
9 + 8 = 17; 17 – 8 = 9
12 – 5 = 7; 7 + 5 = 12
6 + 6 = 12; 12 – 6 = 6
14 – 6 = 8; 8 + 6 = 14
5 + 9 = 14; 14 – 9 = 5
17 – 8 = 9; 9 + 8 = 17

Seite 12:

1 13 Plätze sind besetzt. 16 Personen kommen dazu, insgesamt sind es jetzt 29 Fahrgäste.
6 Personen kommen dazu, also sind es jetzt 35 Fahrgäste.
9 Kinder steigen noch ein, also kommen an der Schule 43 Kinder und 1 Lehrer, also insgesamt 44 Personen, an.

Seite 13:

1 Rechnung:
7 + 6 = 13; 13 + 5 = 18
Antwort:
Ulis Zahl ist die 18.

2 Rechnung:
11 + 4 = 15; 15 – 8 = 7
Antwort:
Peters Zahl ist die 7.

3 Rechnung:
3 + 3 = 6;
14 : 2 = 7; 6 + 7 = 13
Antwort:
Minas Zahl heißt 13.

Seite 14:

1 Kaffebohnen: 2 Z 8 E
Gummibärchen: 3 Z 2 E
Bonbons: 1 Z 8 E
Nudeln: 3 Z 5 E
Schrauben: 2 Z 4 E

Seite 15:

1 4 + 5 > 8; 7 + 7 < 15;
14 – 8 > 5; 9 + 8 < 18;
10 > 3 + 6; 6 > 12 – 8;
11 – 5 < 7; 10 + 7 < 19;
19 – 8 > 9;
17 – 8 < 8 + 5;
9 + 2 > 16 – 7;
4 + 6 < 3 + 8

Seite 16:

1 Belegte Plätze: 2, 7, 9, 13, 15, 22, 26, 30, 38, 41, 44, 45, 59, 63, 64, 65, 75, 77, 88, 89, 91, 97, 99, 100

2

- 6, 16, 26, 36, 46, 56, 66, 76, 86, 96
- 2, 12, 22, 32, 42, 52, 62, 72, 82, 92
- 10, 20, 30, 40, 50, 60, 70, 80, 90, 100
- 5, 15, 25, 35, 45, 55, 65, 75, 85, 95
- 1, 11, 21, 31, 41, 51, 61, 71, 81, 91
- 9, 19, 29, 39, 49, 59, 69, 79, 89, 99

Seite 17:

1 50-er Korb: 20 + 30, 40 + 10, 60 – 10, 90 – 40, 70 – 20, 100 – 50
60-er Korb: 10 + 50, 30 + 30, 100 – 40, 70 – 10
70-er Korb: 30 + 40, 60 + 10, 90 – 20, 100 – 30
80-er Korb: 10 + 70, 30 + 50, 90 – 10
90-er Korb: 20 + 70, 10 + 80
100-er Korb: 40 + 60, 50 + 50
Diese Schlange passt nicht: 100 – 60 = 40

Seite 18:

1 Ein Clown hat sich hier versteckt.

Seite 19:

1 12, 27, 33, 41, 46, 58, 69, 78, 85, 94, 98

2

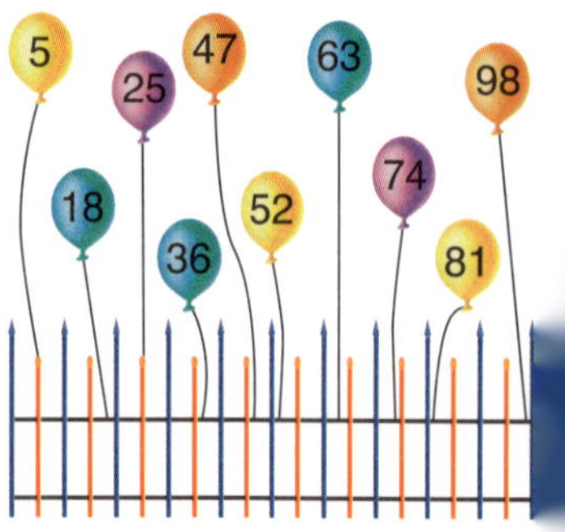

Lösungen

Seite 20:

1 36; 24; 65; 54; 50; 40; 48; 78; 27; 44; 29; 34; 30; 76; 69; 60; 25; 26; 28; 46; 87

Zu sehen ist ein kleines Haus.

Seite 21:

1 a) 27
b) 77
c) 22

2 a) 3 + 7 = 10;
10 + 2 = 12
b) 7 + 3 = 10;
10 + 4 = 14
c) 16 – 6 = 10;
10 – 1 = 9
d) 13 – 3 = 10;
10 – 2 = 8

3 a) 17 – 8 = 9, 9 + 8 = 17
b) 12 – 4 = 8
8 + 4 = 12
c) 8 + 6= 14
14 – 6 = 8

4 a) 4
b) 6
c) 10

Seite 22:

1
14 + 3 = 17, 4 + 3 = 7
25 + 2 = 27, 5 + 2 = 7
36 + 1 = 37, 6 + 1 = 7
55 + 4 = 59, 5 + 4 = 9
26 + 3 = 29, 6 + 3 = 9
42 + 8 = 50, 2 + 8 = 10
47 + 2 = 49, 7 + 2 = 9
51 + 7 = 58, 1 + 7 = 8
62 + 6 = 68, 2 + 6 = 8
74 + 5 = 79, 4 + 5 = 9
Einzelner Fisch:
54 + 3 = 57

Seite 23:

1
98 – 8 = 90, 47 – 4 = 43,
48 + 2 = 50, 27 – 5 = 22,
68 – 6 = 62, 89 – 8 = 81,
75 + 5 = 80, 52 + 4 = 56,
83 + 6 = 89, 41 + 8 = 49,
26 + 3 = 29, 66 + 3 = 69,
34 + 5 = 39, 36 + 2 = 38

Seite 24:

1
1. Känguru: 32 + 7 = 39
2. Känguru: 54 + 4 = 58
3. Känguru: 71 + 6 = 77
4. Känguru: 93 + 6 = 99

2 Känguru A: 3, 5, 4, 2
Känguru B: 6, 3, 1, 4
Känguru C: 5, 3, 6, 7
Den kleinsten Sprung macht Känguru B.

Seite 25:

1
58 – 5 = 53, 99 – 7 = 92,
96 – 5 = 91, 59 – 2 = 57,
68 – 3 = 65, 46 – 2 = 44,
38 – 7 = 31, 64 – 3 = 61,
83 – 2 = 81, 45 – 3 = 42,
35 – 2 = 33, 87 – 4 = 83,
79 – 4 = 75, 77 – 3 = 74,
28 – 6 = 22, 29 – 5 = 24
Falsche Tropfen: 1, 8, 9

Seite 26:

1 Markus: 24 + 6 = 30
Petra: 31 + 9 = 40
Moni: 13 + 7 = 20
Olli: 42 + 8 = 50

2
53 + 7 = 60, 74 + 6 = 80,
66 + 4 = 70, 87 + 3 = 90,
92 + 8 = 100, 47 + 3 = 50,
38 + 2 = 40, 83 + 7 = 90,
78 + 2 = 80

Seite 27:

1 Rechnung: 24 + 6 = 30
Antwort: Es leben jetzt insgesamt 30 Fische im See.

2 Frage: Wie viele Papageien bleiben noch auf der Insel?
Rechnung: 38 – 7 = 31
Antwort: Es bleiben noch 31 Papageien auf der Insel.

3 Frage: Wie viele Muscheln hat Susi?
Rechnung: 23 + 5 = 28
Antwort: Susi hat 28 Muscheln.

Seite 28:

1 Pit:
58 + 2 = 60; 60 + 5 = 65
58 + 7 = 65

2 Sarah:
35 + 5 = 40; 40 + 1 = 41
35 + 6 = 41
Ricki:
46 + 4 = 50; 50 + 4 = 54
46 + 8 = 54

Seite 29:

1 Pit:
72 – 2 = 70; 70 – 2 = 68
72 – 4 = 68
Sarah:
61 – 1 = 60; 60 – 2 = 58
61 – 3 = 58
Ricki:
71 – 1 = 70; 70 – 5 = 65
71 – 6 = 65

2
36 – 6 = 30; 30 – 1 = 29
36 – 7 = 29
24 – 4 = 20; 20 – 4 = 16
24 – 8 = 16
55 – 5 = 50; 50 – 1 = 49
55 – 6 = 49
62 – 2 = 60; 60 – 1 = 59
62 – 3 = 59
71 – 1 = 70; 70 – 1 = 69
71 – 2 = 69
83 – 3 = 80; 80 – 2 = 78
83 – 5 = 78

Seite 30:

1
Rot:
37 + 60 + 1 = 98
32 + 20 + 4 = 56
73 + 10 + 6 = 89
52 + 20 + 7 = 79
Gelb:
25 + 30 + 4 = 59
13 + 20 + 5 = 38
63 + 20 + 2 = 85
41 + 40 + 7 = 88
52 + 20 + 6 = 78
Braun:
62 + 10 + 5 = 77
82 + 10 + 3 = 95
12 + 50 + 6 = 68
24 + 10 + 3 = 37
45 + 50 + 4 = 99

Seite 31:

1 Kirschbaum:
56 – 30 – 2 = 24
24 – 10 – 1 = 13
Apfelbaum:
98 – 20 – 4 = 74
74 – 40 – 1 = 33
33 – 20 – 2 = 11
Pflaumenbaum:
86 – 20 – 1 = 65
65 – 40 – 3 = 22
22 – 10 – 1 = 11

Seite 32:

1
46 + 20 = 66; 66 + 7 = 73
46 + 27 = 73
17 + 70 = 87; 87 + 5 = 92
17 + 75 = 92
43 + 20 = 63; 63 + 9 = 72
43 + 29 = 72
56 + 30 = 86; 86 + 7 = 93
56 + 37 = 93
68 + 20 = 88; 88 + 9 = 97
68 + 29 = 97
48 + 40 = 88; 88 + 8 = 96
48 + 48 = 96
55 + 30 = 85; 85 + 6 = 91
55 + 36 = 91
17 + 40 = 57; 57 + 5 = 62
17 + 45 = 62
37 + 20 = 57; 57 + 7 = 64
37 + 27 = 64

Seite 33:

1
84 – 40 = 44; 44 – 5 = 39
84 – 45 = 39
73 – 40 = 33; 33 – 8 = 25
73 – 48 = 25
81 – 30 = 51; 51 – 5 = 46
81 – 35 = 46
61 – 40 = 21; 21 – 2 = 19
61 – 42 = 19
75 – 50 = 25; 25 – 9 = 16
75 – 59 = 16
81 – 10 = 71; 71 – 6 = 65
81 – 16 = 65
63 – 40 = 23; 23 – 7 = 16
63 – 47 = 16
76 – 50 = 26; 26 – 8 = 18
76 – 58 = 18
Der giftige Pilz:
98 – 49 = 49
98 – 40 = 58; 58 – 9 = 49

Lösungen

Seite 34:

1

66 + 27 = 93; 27 + 66 = 93
17 + 48 = 65; 48 + 17 = 65
12 + 79 = 91; 79 + 12 = 91
45 + 25 = 70; 25 + 45 = 70
55 + 36 = 91; 36 + 55 = 91

2

64 – 49 = 15; 15 + 49 = 64
54 – 38 = 16; 16 + 38 = 54
63 – 27 = 36; 36 + 27 = 63
92 – 29 = 63; 63 + 29 = 92
75 – 56 = 19; 19 + 56 = 75

Seite 35:

1 a) 40 + 10 + 2 + 3 = 55
b) 50 + 10 + 3 + 4 = 67
c) 60 + 20 + 7 + 2 = 89
d) 63 + 7 + 2 = 72
e) 22 + 8 + 1 = 31

2

a) 83 – 3 = 80; 80 – 4 = 76
83 – 7 = 76
b) 24 – 4 = 20; 20 – 4 = 16
24 – 8 = 16
c) 72 – 2 = 70; 70 – 6 = 64
72 – 8 = 64
d) 63 – 3 = 60; 60 – 2 = 58
63 – 5 = 58
e) 51 – 1 = 50; 50 – 5 = 45
51 – 6 = 45

3 a) 66 + 4 = 70
b) 52 + 8 = 60
c) 77 + 3 = 80

4

a) 56 – 10 = 46; 46 – 7 = 39
56 – 17 = 39
b) 43 – 20 = 23; 23 – 5 = 18
43 – 25 = 18
c) 71 – 20 = 51; 51 – 2 = 49
71 – 22 = 49

5 Rechnung: 25 + 25 = 50
Antwort: Es sind insgesamt 50 Handtücher.

Seite 36:

1

5 + 5 + 5 + 5 + 5 = 25;
5 · 5 = 25
3 + 3 + 3 + 3 + 3 + 3 + 3 = 21; 7 · 3 = 21
6 + 6 + 6 = 18;
3 · 6 = 18
6 + 6 = 12;
2 · 6 = 12
9 + 9 + 9 + 9 = 36;
4 · 9 = 36

2

3 + 3 + 3 = 3 · 3 = 9
4 + 4 + 4 + 4 + 4 =
5 · 4 = 20
5 + 5 + 5 = 3 · 5 = 15
6 + 6 + 6 + 6 = 4 · 6 = 24
7 + 7 = 2 · 7 = 14
8 + 8 + 8 + 8 = 4 · 8 = 32
9 + 9 + 9 = 3 · 9 = 27

Seite 37:

1

Rot: 1 · 2 = 2, 2 · 1 = 2,
2 · 2 = 4
Blau: 3 · 2 = 6, 2 · 3 = 6,
4 · 2 = 8, 2 · 4 = 8,
9 · 2 = 18, 2 · 9 = 18,
10 · 2 = 20, 2 · 10 = 20
Gelb: 2 · 5 = 10,
5 · 2 = 10, 6 · 2 = 12,
2 · 6 = 12
Grün: 7 · 2 = 14, 2 · 7 = 14,
8 · 2 = 16, 2 · 8 = 16

Seite 38:

1 2 · 10 = 20, 10 · 2 = 20
3 · 10 = 30, 10 · 3 = 30
5 · 10 = 50, 10 · 5 = 50
6 · 10 = 60, 10 · 6 = 60
7 · 10 = 70, 10 · 7 = 70
9 · 10 = 90, 10 · 9 = 90
10 · 10 = 100

Seite 39:

1 1 · 5 = 5, 2 · 5 = 10
3 · 5 = 15, 4 · 5 = 20
5 · 5 = 25, 6 · 5 = 30
7 · 5 = 35, 8 · 5 = 40
9 · 5 = 45, 10 · 5 = 50

Seite 40:

1

Blume 18: 9 · 2
Blume 10: 2 · 5, 5 · 2
Blume 25: 5 · 5
Blume 20: 4 · 5, 2 · 10
Blume 40: 8 · 5, 4 · 10
Blume 15: 3 · 5
Blume 60: 6 · 10
Blume 90: 9 · 10
Blume 30: 6 · 5, 3 · 10
Blume 14: 7 · 2
Blume 16: 8 · 2

Seite 41:

1

1 · 4 = 4, 2 · 4 = 8,
3 · 4 = 12, 4 · 4 = 16,
5 · 4 = 20, 6 · 4 = 24,
7 · 4 = 28, 8 · 4 = 32,
9 · 4 = 36, 10 · 4 = 40

Seite 42:

1

1 · 8 = 8, 2 · 8 = 16,
3 · 8 = 24, 4 · 8 = 32,
5 · 8 = 40, 6 · 8 = 48,
7 · 8 = 56, 8 · 8 = 64,
9 · 8 = 72, 10 · 8 = 80

2

3 · 8 = 24, 2 · 8 = 16,
6 · 8 = 48, 4 · 8 = 32,
1 · 8 = 8, 5 · 8 = 40,
10 · 8 = 80, 7 · 8 = 56,
8 · 8 = 64, 6 · 8 = 48,
9 · 8 = 72

Seite 43:

1 Frage: Wie viele Tomatenpflanzen setzt Simon insgesamt?
Rechnung: 6 · 5 = 30
Antwort: Simon setzt insgesamt 30 Pflanzen.

2 Frage: Wie viele Autobilder hat Leon insgesamt?
Rechnung: 4 · 9 = 36
Antwort: Leon hat insgesamt 36 Autobilder.

3 Frage: Wie viele Erdbeeren bekommt jeder?
Rechnung: 27 : 3 = 9
Antwort: Jeder bekommt 9 Erdbeeren.

Seite 44/45:

1

1 · 2 = 2, 2 · 2 = 4,
3 · 2 = 6, 4 · 2 = 8,
5 · 2 = 10, 6 · 2 = 12,
7 · 2 = 14, 8 · 2 = 16,
9 · 2 = 18, 10 · 2 = 20

1 · 4 = 4, 2 · 4 = 8,
3 · 4 = 12, 4 · 4 = 16,
5 · 4 = 20, 6 · 4 = 24,
7 · 4 = 28, 8 · 4 = 32,
9 · 4 = 36, 10 · 4 = 40

1 · 8 = 8, 2 · 8 = 16,
3 · 8 = 24, 4 · 8 = 32,
5 · 8 = 40, 6 · 8 = 48,
7 · 8 = 56, 8 · 8 = 64,
9 · 8 = 72, 10 · 8 = 80

2

2 · 2 = 4, 3 · 2 = 6,
4 · 2 = 8, 5 · 2 = 10,
6 · 2 = 12, 7 · 2 = 14,
8 · 6 = 48, 9 · 2 = 18,
2 · 4 = 8, 3 · 4 = 12,
4 · 4 = 16, 5 · 4 = 20,
6 · 4 = 24, 7 · 4 = 28,
8 · 4 = 32, 9 · 4 = 36,
5 · 8 = 40, 7 · 8 = 56,
9 · 8 = 72

3

4 · 5 = 20, 20 : 5 = 4
4 · 8 = 32, 32 : 8 = 4
7 · 5 = 35, 35 : 5 = 7
9 · 8 = 72, 72 : 8 = 9
6 · 4 = 24, 24 : 4 = 6
7 · 8 = 56, 56 : 8 = 7
8 · 8 = 64, 64 : 8 = 8

Seite 46:

1

6 · 5 = 30, 5 · 6 = 30
2 · 9 = 18, 9 · 2 = 18
3 · 8 = 24, 8 · 3 = 24
4 · 9 = 36, 9 · 4 = 36
5 · 7 = 35, 7 · 5 = 35
7 · 2 = 14, 2 · 7 = 14
8 · 7 = 56, 7 · 8 = 56
9 · 8 = 72, 8 · 9 = 72
5 · 3 = 15, 3 · 5 = 15
6 · 8 = 48, 8 · 6 = 48

Seite 47:

1 Rechnung:
12 € : 4 = 3 €
Antwort: Eine Fahrkarte kostet 3 €.

2 Rechnung: 3 € · 5 = 15 €
Antwort: Sie bezahlt 15 €.

3 Rechnung: 2 € · 5 = 10 €
Antwort: Sarah muss 10 € zahlen.